eu queria ser CÁSSIA ELLER

TOM CARDOSO

eu queria ser CÁSSIA ELLER

UMA BIOGRAFIA

HarperCollins
Rio de Janeiro, 2025

Copidesque Wélida Muniz
Revisão Laila Guilherme e Isadora Prospero
Design de capa Daniel Justi
Foto de capa Milton Montenegro
Projeto gráfico e diagramação Deborah Mattos
Iconografia Erica Fujito
Imagens As fotos creditadas como "arquivo pessoal" foram encontradas nos arquivos guardados pela família de Cássia. Caso você seja autor de uma dessas imagens, entre em contato conosco.
Músicas citadas pág. 64: "Rubens" (Mario Manga)
pág. 122: "Eles" (Cássia Eller, Luiz Pinheiro e Tavinho Fialho)
pág. 133: "Love in the Afternoon" (Dado Villa-Lobos e Renato Russo)
pág. 134: "1º de julho" (Renato Russo)
pág. 159: "Eu queria ser Cássia Eller" (Péricles Cavalcanti)
pág. 187: "Baby Love" (Nando Reis)

Dados Internacionais de Catalogação na Publicação (CIP)
(Câmara Brasileira do Livro, SP, Brasil)

Cardoso, Tom
Eu queria ser Cássia Eller: uma biografia / Tom Cardoso. – Rio de Janeiro: HarperCollins Brasil, 2025.

ISBN 978-65-5511-770-7

1. Cantoras – Brasil – Biografia 2. Eller, Cássia, 1962-2001 I. Título.

25-290556 CDD-782.0092

Índice para catálogo sistemático:
1. Cantoras brasileiras: Biografia 782.0092
Eliete Marques da Silva – Bibliotecária – CRB-8/9380

HarperCollins é uma marca licenciada à Casa dos Livros Editora LTDA.

Rua da Quitanda, 86, sala 601A – Centro
Rio de Janeiro/RJ – CEP 20091-005
Tel.: (21) 3175-1030
www.harpercollins.com.br

Para André, Julia e Gabi

Vontade de não dar sentido algum às coisas,
às palavras e à própria vida.

Hilda Hilst

AGRADECIMENTOS

Alex Merlino, Ana Lúcia Magalhães Gomes, Anna Butler, Carol Eller, Chico Chico, Cláudia Eller, Cláudia Rodrigues, Daniela Goulart, Deborah Dornellas, Elcio Cáfaro, Elisa de Alencar, Estela Madalosso, Fátima Tassinari, Felipe Casqueira, Hermelino Neder, Jary Cardoso, Jorge Hélder, José Luiz Toledo, Maria Eugenia Vieira Martins, Mayrton Bahia, Nando Reis, Oswaldo Montenegro, Paula Carvalho, Paulo Cabral, Péricles Cavalcanti, Ronaldo Eller, Ronaldo Villas, Rúbia Eller, Silvio Essinger, Walter Villaça, Zélia Duncan.

SUMÁRIO

CÁSSIA – DIVA, DEUSA, DÁDIVA

PREFÁCIO, POR MARIA EUGENIA VIEIRA MARTINS

A história da vida de uma pessoa pode ser contada de diversas maneiras, a partir de diferentes pontos de vista. Tom Cardoso nos oferece uma narrativa linear e bem-humorada sobre a Diva Cássia Eller, nascida em um subúrbio carioca que foi dar com seus costados no bairro do Cosme Velho, em um condomínio de nome Beverly Hills. Lembro-me vivamente da gargalhada de Waly Salomão ao conferir o nome do condomínio. O bairro das estrelas de Hollywood. Perfeito!

O autor aborda, com seu estilo jornalístico, o preconceito visceral da sociedade brasileira contra tudo que não seja heteronormativo. E o faz com naturalidade, contextualizando e levando o leitor a fazer ligações com outras histórias de interesse para a compreensão do fenômeno.

Eu queria ser Cássia Eller apresenta ao leitor a Deusa que encarnou nesta Terra entre os anos de 1962 e 2001. Um abalo sísmico na vida de todos que conviveram e se encantaram com ela. A menina tímida, a filha, a ovelha negra da família, a lésbica, a amante, a mãe, a cantora, a amiga, tudo junto e misturado.

Essa Deusa era dela, só dela e não de quem quisesse, embora cada um de nós tenha na memória uma Cássia diferente. Assim, são muitas as Cássias que surgem na narrativa, dependendo de quem está contando a história.

Também são muitas as Cássias das entrevistas que serviram de base para a construção da personagem. Sua experiência com a imprensa foi tão imprevisível quanto sua personalidade. Inicialmente levou a sério, respondia com franqueza. No final, insatisfeita com o resultado do que saía publicado, começou a mentir descaradamente e passou a se divertir.

A minha Cássia particular é a Dádiva. Seu bendito fruto, o Chico. Quando ela engravidou, eu suplicava ao Universo que me desse um "cassinho", e fui recompensada.

Passados tantos anos de sua morte, não cabem mais especulações sobre a causa da tragédia. Todos nós que acompanhamos seus últimos passos fizemos o melhor. Todos ficamos com aquela sensação amarga na boca — e se eu tivesse feito diferente? Não devia ter deixado ela ir para o Rio de Janeiro sozinha; a última vez que olhei em seus olhos no portão de embarque do Aeroporto de Brasília, vi um pedido de ajuda. Nunca vou me esquecer daquele olhar. Seria pretensão? Somos mesmo capazes de alterar a rota de um destino? Ou a vida da gente é a gente que faz? Deixo em aberto para o julgamento dos leitores. De uma coisa tenho muita certeza: ou somos todos culpados ou somos todos inocentes.

Divirtam-se! Celebrem! A morte faz parte da vida, e vale muito a pena viver.

CAPÍTULO 1

OS FARDOS DE CÁSSIA REJANE

NO RECREIO

QUER SABER QUANDO TE OLHEI NA PISCINA
SE APOIANDO COM AS MÃOS NA BORDA
A ÁGUA QUE NÃO ERA TÃO FRIA
UM AZULEJO SE PARTIU PORQUE A PORTA
DO NOSSO AMOR ESTAVA SE ABRINDO
E OS PÉS QUE IRÃO POR ESSE CAMINHO
VÃO TERMINAR NO ALTAR EU SÓ QUERIA ME CA
COM ALGUÉM IGUAL A VOCÊ
E ALGUÉM IGUAL NÃO HÁ DE TER
ENTÃO QUERO MUDAR DE LUGAR
EU QUERO ESTAR NO LUGAR DA SOLA PRA TE RECEBE
NA COR DO ESMALTE QUE VOCÊ VAI ESCOLHER
PARA AS UNHAS PINTAR
QUANDO É QUE VOCÊ VAI SACAR

Estádio do Mineirão, Belo Horizonte, 1971.

Ignorando o peso das botas ortopédicas, presas até a altura dos dois joelhos, uma menina de 8 anos pula abraçada aos tios maternos. A família ajuda a puxar o coro, entoado a plenos pulmões pelos torcedores do Atlético Mineiro:

— Bicha!

— Bicha!

— Bicha!

O grito homofóbico havia se tornado uma tradição do maior acontecimento esportivo da cidade, e era ouvido toda vez que Raul Plassmann, do Cruzeiro, tocava na bola. Primeiro goleiro do Brasil a usar um uniforme fora dos padrões — o chamativo amarelo no lugar do tradicional uniforme preto reservado à posição —, Raul também tinha que lidar com outra provocação vinda da arquibancada, essa por conta da longa e loira cabeleira, associada a uma famosa cantora da Jovem Guarda:

— Wanderléa!

— Wanderléa!

— Wanderléa!

Cássia Rejane era a companhia favorita de tio Valdo e tio Didi. Nem os dois atleticanos doentes conseguiam acompanhar a empolgação da sobrinha. Cássia virava outra pessoa assim que se deparava com o Mineirão lotado. Era como se, em meio à multidão, acolhida pelos tios maternos, pudesse ser ela mesma, sem o julgamento de ninguém. O tempo mostraria que a timidez funcionava como uma espécie de defesa, escudo contra qualquer possibilidade de opressão.

Confusa com a própria sexualidade — incertezas que se prolongariam até o começo da fase adulta —, Cássia não queria ser notada por ninguém. Passava o dia inteiro no quarto, saindo só para ir à escola. "Eu tinha vergonha de gostar de mulher. Morria de vergonha disso. Não por achar errado ou feio, mas vergonha de não ser aceita. Eu vivia dentro de casa, não queria ver ninguém, porque as pessoas podiam fazer piadinhas."[1]

Com uma deformidade de nascença nas pernas, o chamado joelho valgo, condição na qual os joelhos se curvam para dentro e se tocam quando as pernas são esticadas, enfrentava a gozação dos meninos da escola usando a única arma disponível: as botas ortopédicas, revestidas com ferro, que usava para chutar os valentões.

**Eu tinha vergonha de
gostar de mulher.
Morria de vergonha disso.
Não por achar errado
ou feio, mas vergonha
de não ser aceita.**

**Eu vivia dentro de casa,
não queria ver ninguém,
porque as pessoas podiam
fazer piadinhas.**

A mais velha de cinco irmãos e nascida no Rio de Janeiro, Cássia se mudara com a família para Belo Horizonte em 1968, em mais uma transferência de trabalho do pai, seu Altair. O sargento paraquedista sempre trocava de cidade, em busca de oportunidades para aumentar a renda da família.

Uma vida cigana que proporcionou aos filhos contato com culturas e hábitos diferentes, menos para a primogênita. Cássia não via motivos para ter relações sociais com ninguém, exceto os parentes da mãe, divertidos e acolhedores. Ela gostava mesmo era de passar o maior tempo possível com os tios preferidos. Os outros cinco irmãos de dona Nanci, a mãe, eram afetuosos, mas antiquados demais para os padrões da garota, diferente da maioria das meninas da sua idade. Já aqueles dois tios eram sujeitos não convencionais, excêntricos sob o olhar dos colegas.

Tio Didi, ex-soldado do Exército, havia desertado para ganhar experiência como peão de obra, com o objetivo de se tornar o próprio chefe, algo impensável na carreira militar. Impondo o próprio ritmo de trabalho, sobrava tempo para ir ao teatro, assistir a óperas e devorar livros de Jorge Amado, Machado de Assis e Érico Veríssimo.

Espécie de engenheiro sem diploma, Didi ergueu sozinho a casa dos pais em Belo Horizonte. Cássia adorava exercer a função de ajudante do tio. "Trabalhei como pedreira em Belo Horizonte. Fiz massa e assentei tijolos", disse em entrevista à *Folha de S.Paulo* décadas depois.[2]

Didi também construiu a casa de Valdo, o irmão caminhoneiro, de quem era mais próximo. Os dois não se desgrudavam e formavam um trio quando Cássia se juntava a eles nas viagens pelo interior de Minas. Na boleia da carreta de tio Valdo, ouvia-se o melhor da música brasileira, de Pixinguinha a Cartola, dos cantores de bossa nova aos sofisticados e modernos intérpretes do samba-canção — Tito Madi e Dolores Duran eram os preferidos.

Convidada por tio Valdo para viagens mais longas, muitas pelos rincões do país, ocasiões em que poderia cantar e ouvir os cantores favoritos dela — Chico Buarque e Luiz Melodia —, Cássia não teve a permissão de seu Altair. O sargento se dava muito bem com os cunhados, desde que não disputassem com ele o afeto de sua filha mais querida.

Cássia também tinha adoração pelo pai, um militar não muito convencional. “Meu pai fala palavrão, anda só de sunga em casa, vai pra rua sem camisa.”[3] Na infância, passada no Rio de Janeiro, nada a deixava mais feliz do que, ciceroneada por Altair, visitar a sede da Vila Militar, em Deodoro, na zona oeste. Era levada para lá depois da escola e acompanhava os exercícios militares e outras atividades do quartel.

Em Deodoro, os soldados ficavam impressionados com o jeitão da menina de 9 anos. “Meu pai me tratava como moleque, um menino, e eu era apaixonada por ele, era meu ídolo. Pegava os recos e passava a manhã inteira malhando com eles. Eu ia atrás e aguentava o tranco. Ele adorava.”[4]

Cássia também participava dos rachões nos campos de futebol do quartel. Jogava no time dos sargentos, contra a equipe dos cabos, de centroavante, na "banheira", livre, leve e solta. Paparicada pelos milicos, não precisava marcar ninguém. Bem diferente da posição em que era praticamente obrigada a atuar quando chamada para jogar com os meninos e as meninas da rua.

Colocada na zaga, contra sua vontade, descontava o aborrecimento na canela dos adversários, independentemente de quem fosse o atacante. Uma autêntica beque de fazenda, temida por todos, meninos e meninas. "Detesto jogar com mulher. Você dá um encontrão, elas já começam a reclamar [...]. Eu era briguenta. Tanto quanto os meninos. Se enchessem meu saco, eu dava porrada."[5]

Nanci achava que aquele não era ambiente para uma garota, e tentou contrabalançar um pouco as coisas, matriculando Cássia numa escola de balé. Não deu muito certo. "Eu era grande para a minha idade, e papai, que era faixa preta em caratê, me ensinou umas coisas. Eu brigava demais. Com 8, 9 anos, mamãe me botou na aula de balé. Puta! Na hora de uma pirueta, dei com as costas da mão na cara de uma menina e arranquei um pré-molar dela."[6]

A mãe tentou persuadir Cássia a continuar no balé, mas o pai não a queria misturada com os "bichinhas da cidade" — embora fizesse vista grossa quando a filha dava sinais de "macheza" ao desafiar os soldados da Vila Militar em improvisados torneios de flexões de braços e polichinelos.

Cássia nunca mais voltou às aulas de balé. A palavra final era sempre de seu Altair. Caçula de nove irmãos, Nanci crescera numa típica família patriarcal mineira, sem voz para nada. Eram os homens que decidiam tudo e ponto-final.

E foram os homens que determinaram que a avó de Cássia, Maria de Abreu, grávida de Nanci aos 40 anos, deveria esconder a maternidade tardia. Afinal, no código machista, mulheres na menopausa, como era o caso de Maria, não tinham filhos. E, assim, só aos 5 anos Nanci descobriu a "mentirinha": a moça que ela chamava de "mamãe", e de quem recebia cuidados como filha, era na verdade sua irmã mais velha, a primogênita de Maria de Abreu.

Louca por música, assim como Valdo, seu irmão mais velho, Nanci sonhava com a carreira de cantora. O pai, um brutamontes de Minas Gerais, foi contra, mas Valdo deu força e a incentivou. Ela chegou a cantar em alguns bares e boates de Belo Horizonte e a gravar um disco independente só com canções de Dolores Duran, sua cantora e compositora favorita. Parecia que daria certo, até conhecer Altair.

Ambos frequentavam a Igreja São Francisco de Assis, em Belo Horizonte. O sargento enlouqueceu com a elegância e a beleza da jovem cantora do coral, manequim do Senac de Belo Horizonte desde a adolescência. Já Nanci gostou do jeito solto e atirado do sargento, que não se parecia com a maioria dos militares da cidade.

Mas os valores eram os mesmos dos outros moradores da caserna. Machista e conservador, Altair disse que só se casaria com Nanci se ela deixasse de lado aquela ideia maluca de virar cantora profissional. Mulher dele não cantava em bares e boates.

Em 1972, aos 10 anos, Cássia odiou saber que precisaria se transferir de cidade pela terceira vez. E não seria para uma metrópole como Belo Horizonte, e sim para o então inóspito município paraense de Santarém, no coração da selva amazônica. Uma mudança tão radical quanto a empreitada aceita por seu Altair: trabalhar na construção da BR-163, a rodovia que ligaria Santarém a Cuiabá.

O pai de Cássia atendia a todos os requisitos para atuar na obra. Um ano antes da mudança para Santarém, decidira ingressar no treinamento mais difícil e perigoso do Exército Brasileiro: o Curso Internacional de Operações na Selva, que preparava militares para combater em áreas de mata fechada na floresta amazônica.

A morte de vários alunos durante todos os anos de curso (que só parou de registrar baixas a partir de 2008, quando o Exército, pressionado, tornou o treinamento mais brando e "humanizado") chamou a atenção do *New York Times*. Enviado a Santarém para acompanhar as aulas de perto, o correspondente do jornal americano no país assustou-se com o que viu. Um dos entrevistados relata que "Nem o Rambo conseguiria terminar este curso",[7] em uma alusão ao personagem interpretado por Sylvester Stallone.

Altair era o próprio John Rambo. Filho de pai alemão e mãe indígena, compensava a baixa estatura para os padrões militares, 1,70m, com uma força física invejável, notada nos 90 kgs de músculos cultivados em anos dedicados ao halterofilismo. Era ainda faixa preta em judô e caratê. A combinação de agilidade e força fez de Altair o mais competitivo e aguerrido sargento paraquedista das unidades das quais fez parte. Em compensação, o temperamento difícil o impediu de crescer na rígida carreira militar.

Encrenqueiro, louco por uma briga, Altair era querido pelos militares de baixa patente — justamente pela coragem de se rebelar contra os superiores. Assumia as dores de colegas que não tinham coragem de contestar as decisões vindas de cima, muitas delas injustas. Chegou a ficar preso por três meses — incluindo trinta dias de solitária —, na Vila Militar do Rio, por quebrar o dedo de um coronel em meio a uma discussão. O sargento deu voz à reclamação geral sobre a baixa qualidade da comida do quartel oferecida a soldados, cabos e sargentos.

Os cunhados mineiros perderam a conta de quantas vezes Altair se meteu em confusão nos jogos do Atlético, quase sempre para defendê-los. Num domingo, saindo do jogo, eles se viram encurralados por torcedores do Cruzeiro. O sargento enfrentou sozinho o grupo rival, enquanto os cunhados protegiam as crianças. Durante a briga, quebrou o maxilar de um dos agressores, um policial militar de Belo Horizonte. O Exército precisou intervir para evitar sua prisão.

Visto pelos oficiais como um rebelde incorrigível com pouquíssimas chances de ascender na carreira, Altair não pensou duas vezes quando surgiu a oportunidade de ser transferido para Santarém. Além do acréscimo no soldo, frequentaria novos ares, livrando-se da enfadonha rotina da Vila Militar. Antes, porém, precisava sobreviver ao temido Curso Internacional de Operações na Selva.

Como todos os colegas de treinamento, Altair pulou de rapel de um helicóptero para dentro de uma zona de mata fechada na Amazônia, portando apenas um cantil de água e uma faca — a partir daí, teria que enfrentar todo tipo de adversidade. O curso de sobrevivência na selva não era chamado assim por acaso. Dos 110 militares inscritos no treinamento de 1971, apenas três completaram a atividade, entre eles o pai de Cássia. Dois morreram.

Os dois anos vividos em Santarém foram maravilhosos para Altair, que passava longas temporadas acampado no meio do mato, sem obrigações familiares, farreando com prostitutas nos intervalos das missões. As crianças, soltas na natureza, também curtiram, inclusive Cássia.

Isolada no fim do mundo, sem ninguém para encher o saco, a pré-adolescente sonhou em morar ali para sempre. Ao contrário de Nanci, que chorava todos os dias. Longe dos irmãos e dos amigos, com a exclusiva tarefa de cuidar da casa e dos cinco filhos no meio do nada, tudo aquilo parecia um pesadelo sem fim.

A volta para o Rio de Janeiro, em 1974, depois de dois anos de isolamento absoluto em Santarém, marcou uma profunda mudança na família Eller. Após anos de patriarcado, submetendo-se aos caprichos e vontades do marido, Nanci decidiu se rebelar. Rúbia, a mais nova das irmãs de Cássia, conta como se deu a surpreendente virada de mesa imposta pela mãe: "Meu pai era um militar fora dos padrões: desobediente, rebelde, vivia arrumando encrenca no quartel. Era uma pessoa diferente, um poço de contradições. Tinha as caretices dele com as filhas, típicas de um homem de sua geração, criado numa família muito humilde, de hábitos conservadores, mas ao mesmo tempo detestava seguir regras, pelo menos as impostas a ele. Ele queria ser duro com a gente, mas não conseguia, pois era uma pessoa muito carinhosa — levava café da manhã todo dia para a minha mãe e para os filhos —, mas também, e principalmente, porque não conseguia dar exemplo. Exigia uma disciplina que ele nunca teve. Minha mãe começou a sacar isso, as contradições de meu pai, e usou isso para tomar as rédeas das decisões da casa, sobretudo em relação aos filhos. Chegou um momento em que meu pai não apitava mais nada; tudo era decidido pela minha mãe. E isso começou a acontecer na mudança de Santarém para o Rio e impactou a rotina de vida de Cássia num momento de grande transformação para ela: a chegada na adolescência".[8]

Uma nova mudança, uma nova adaptação. O que já seria difícil para qualquer menina nessa idade se tornou um fardo para

Cássia. Enfrentar a puberdade na quase desabitada Santarém era bem diferente de retornar ao Rio de Janeiro com 12 anos para morar num bairro como Lins de Vasconcelos, um dos mais populosos e agitados da zona norte carioca.

Enquanto as três irmãs mais novas já começavam a se empetecar, indo a salões de beleza e experimentando novos vestidos, Cássia continuava vestindo a mesma roupa usada nos tempos de Santarém: tênis, short e camiseta regata. "Eu era bem bonitinha, mas muito tímida. Não me vestia legal."[9] Os amigos eram quase todos meninos. "No Natal, eu sempre ganhava bonecas, mas elas estão aí, intactas. Preferia brincar com bola de meia, carrinho de rolimã, empinar papagaio, roubar frutas."[10]

Nas poucas vezes que se viu obrigada a mudar o figurino, por causa das aulas de catecismo, uma imposição dos pais, católicos fervorosos, ela quis morrer. "Na Primeira Comunhão, fiquei deprimida. Três dias antes da festa já estava chorando, porque era obrigada a usar vestido. Não teve jeito. Numa das fotos da Primeira Comunhão, apareço segurando uma vela, puta da vida."[11]

No retorno ao Rio, Cássia apaixonou-se por um menino do bairro, que nunca soube de seu interesse por ele. "Eu nem falava com ele. Fiquei uns dois ou três anos morrendo de amor por esse garoto [...]. Eu tinha vergonha [de contar para ele], eu tinha jeito de menino, né? Sabia que nenhum menino ia querer namorar comigo."[12] Sem saber como lidar com tantas transformações, Cássia isolou-se ainda mais.

Altair, preocupado, decidiu presentear a primogênita com um violão Giannini, esperando que o contato com o instrumento desse um novo ânimo à filha de 14 anos. A música era a grande paixão de Cássia, estimulada desde muito pequena pela cantoria da mãe — Nanci estava impedida de exercer seu talento profissionalmente, mas em casa podia soltar a voz à vontade. O pai acertou no instrumento, mas errou feio na intenção de tornar a filha mais sociável. Viciada em revistas de cifras musicais, Cássia continuou sem motivo algum para sair do quarto: passava o dia inteiro tirando canções no violão.

Nanci comentou sobre o recolhimento da filha com uma de suas vizinhas mais próximas, dona Itália, uma boa conselheira que morava num casarão na mesma rua da família Eller.

Na parte de baixo de sua casa, contou dona Itália, residia outra família, e ela previu que uma das filhas mais crescidas, Moema, poderia se dar muito bem com a primogênita de Nanci. Era uma garota alegre, desinibida, ótima em fazer amigos — talvez Cássia gostasse dela e a partir dessa amizade surgissem outras e, naturalmente, a clausura chegaria ao fim.

Cássia relutava em sair de casa para tirar novos documentos, necessários para quem estava a meses de completar 18 anos. E se chateou ainda mais ao saber que a mãe chamara a filha de uma vizinha, que ela não conhecia nem de vista, para acompanhá-las até o fórum mais próximo.

Parecia que imposições e aborrecimentos dominariam aquela tarde, que acabou se convertendo em um dia inesquecível para

Cássia: ela gostou de Moema de uma maneira que, até então, não se permitira gostar de ninguém. Tempos antes, ela havia se apaixonado por um garoto, é verdade, mas dessa vez era diferente. Uma paixão súbita, movida pela curiosidade e pela vontade de experimentar algo novo, sempre reprimido.

Moema era realmente incrível, além de linda. Os cabelos longos e cacheados, a sainha indiana e o jeito despojado despertaram desejo imediato em Cássia. Como nas outras vezes que isso acontecera ao conhecer outras mulheres interessantes, sexualmente atraentes, ela lidou com a situação num misto de prazer e angústia.

"Eu execrava esse tipo de coisa. Imagina, eu beijando a boca de uma mulher. Morria de nojo. Eu sofri bastante, não tinha com quem dividir, não tinha informações sobre homossexualidade. Achava que podia ser doença. Ficava pensando: 'Será que tem a ver com a família do meu pai?'. Tinha muitos alemães, aquelas mulheres troncudas."[13]

Cássia logo soube que Moema tinha um namorado, mas isso não significaria um entrave à intensa relação que começava a nascer — pelo contrário. Formou-se logo um trisal, às escondidas. "A primeira vez que eu namorei mesmo, apaixonada, foi com uma menina, a Moema. Eu tinha 17 anos na época [...]. Foi estranho, não foi legal. Não tinha como conversar disso com ninguém."[14]

Os três passavam tardes inteiras trancados no quarto de Moema, namorando, tocando violão, fumando maconha e

A primeira vez que eu
namorei mesmo, apaixonada,
foi com uma menina, a Moema.
Eu tinha 17 anos na época.
Foi estranho, não foi legal.
Não tinha como conversar
disso com ninguém.

ouvindo Caetano. O cantor e compositor baiano era a grande paixão de Moema, e passou a ser de Cássia também.

O segredo não durou muito tempo e pegou de surpresa os pais de Cássia. Altair pensou numa medida mais drástica: simplesmente proibir a filha de encontrar Moema. Nanci achou que era só uma fase, uma adolescente, como tantas outras, ainda em dúvida sobre a sexualidade, sofrendo com as mudanças típicas da idade. O matriarcado bateu o martelo, e Cássia, a pedido de Nanci, aceitou passar uma temporada de dois meses com os primos em Belo Horizonte.

Cássia retornou ao Rio ainda mais apaixonada. Moema também, já sem namorado. As duas voltaram a se encontrar, às escondidas e apenas de madrugada. Cássia pulava a janela de casa, com a devida cobertura de Rubinha, com quem dividia o quarto e mantinha uma relação de afeto e confiança.

A irmã era grata pelas surras que Cássia dava nos meninos da rua, que caçoavam de suas botas ortopédicas. Além da primogênita, os outros quatro irmãos — Rubinha, as gêmeas, Cláudia e Carla, e Ronaldo, o caçula — também haviam nascido com a mesma deformidade nas pernas.

Flagrada por Nanci pulando a janela de casa, Cássia encarou um longo castigo, que se repetiu quando a filha voltou a desobedecer à ordem expressa de se manter longe da casa de Moema. A essa altura, o romance entre as duas meninas já havia virado o assunto mais comentado da rua, com a maioria dos vizinhos reprovando.

"Acharam muito esquisito. Escutei muito comentário assim: 'Poxa, eu confiava em você'. Minha casa era muito frequentada por adolescentes, e de repente as meninas pararam de ir lá. Minhas irmãs, que são só um ano mais novas que eu, sofreram muito com isso."[15]

A fofoca chegou ao quartel, e Altair, possesso, tomou a decisão de expulsar Cássia de casa, como se tivesse autoridade para isso. Não tinha. Nanci o enfrentou e deixou claro que, por mais que também reprovasse a atitude da filha, não tomaria, em tempo algum, medida tão drástica como aquela.

Achou-se uma outra saída: a transferência da família para a Vila Militar em Brasília, negociada por um amigo de Altair, integrante da Academia Militar das Agulhas Negras (Aman), em Resende, e com ótimo trânsito na capital federal.

Envergonhados com os comentários dos vizinhos, com pressa de achar logo uma solução, Altair e Nanci nem se deram conta de que estavam, sem querer, ajudando Cássia a vivenciar a maior transformação da sua vida — o que jamais seria possível em Lins de Vasconcelos.

O provinciano bairro da zona norte carioca estava anos-luz atrasado em relação às mudanças culturais e comportamentais vividas pela efervescente Brasília do começo dos anos 1980. Paradoxalmente, graças à caretice dos pais, Cássia foi levada para o olho do furacão.

CAPÍTULO 2

VEJA VOCÊ, BRASÍLIA

1 NÓS
2 MALANDRAGEM
3 1º DE JULHO
4 BILLY NEGÃO
5 CORONÉ
6 ECT
7 OBRIGADO
8 POR ENQUANTO
9 NA CADÊNCIA
10 WOMAN IS THE NIGGER
11 PARDON MY HEART

12 – EU SEI

Socorro —

1 UM BRANCO UM XIS
2 MAPA
3 O SEGUNDO_SOL
4 AS COISAS TÃO MAIS LINDAS
5 INFERNAL
6 APRENDIZ
7 O MEU MUNDO FICARIA COMPLETO
8 MALUCA
9 GATAS EXTRAORDINÁRIAS

FIQUEI APENAS PENSANDO QUE O SOL Ñ SE QUE OS PENSAMENTE

SOY GITANO
SMELLS LIKE TEEN SPIRIT

A Brasília do começo dos anos 1980 florescia a passos largos, forjada sob a égide da primeira e da segunda gerações nascidas na capital, construída a partir do sonho desenvolvimentista do presidente Juscelino Kubitschek. Apesar de apresentar problemas típicos de outras metrópoles brasileiras, como a falta de infraestrutura e a intensa concentração de renda, a cidade erguida no meio do cerrado entre 1956 e 1960 conservava ares interioranos, dando uma falsa impressão de calmaria e segurança.

Nanci Eller ficou feliz com a mudança. De uma só vez se livrou de dois problemas: a violência crescente em Lins de Vasconcelos, que, como tantas outras localidades do Rio, sofria com a expansão do crime organizado, e a insatisfação dos vizinhos com o namoro entre sua filha mais velha e outra garota da rua. Ambas eram acusadas de exercer má influência nas adolescentes do bairro.

Para a mãe, Cássia estava apenas passando por um período confuso, de transição para a vida adulta, como todo adolescente. A transferência para Brasília faria tudo voltar aos eixos. As condições eram as melhores possíveis. Uma casa confortável, com aluguel baixo, no Setor Militar Urbano, uma vila de 65 casas destinadas a famílias de militares, construída numa região aprazível e segura da capital federal.

Matriculada na Escola Normal de Brasília, no curso de formação de professores, Cássia deixou aos poucos a clausura dos tempos de Rio para ter uma rotina normal. O envolvimento amoroso com uma professora de química, dez anos mais velha, representou um marco decisivo para essa mudança.

"Foi ela quem tirou muita minhoca da minha cabeça."[1]

A música ajudou. "Quando comecei a cantar também, as coisas foram se resolvendo na minha cabeça."[2] E mais: "Comecei a ser feliz, sabe? [...] A coisa das repressões, do mal que faziam pra mim, foi cantando que eu me resolvi. Aí, sei lá, virou um tratamento longo, sem fim."[3]

Por um momento, Cássia ficou indecisa entre trabalhar como professora ou tentar a carreira de cantora. Gostava de crianças e tinha a maior paciência com elas, desde que não fosse chamada de tia. Quando isso acontecia, respondia, irritada: "Tia é o cacete".

Não foi difícil, portanto, decidir pela música. "Essa musicalidade que eu tenho é de nascença. Tudo que eu faço é relacionado com música. Quando fiz 2 anos, mamãe me deu

Quando comecei a cantar
também, as coisas foram se
resolvendo na minha cabeça.
Comecei a ser feliz, sabe?
A coisa das repressões, do
mal que faziam pra mim,
foi cantando que eu me resolvi.
Aí, sei lá, virou um
tratamento longo, sem fim.

um radinho de pilha. Eu já cantava marchas de Carnaval na época, ouvia muito disco."[4] Mas quem fez mesmo a sua cabeça foram os Beatles. "Tanto na forma de cantar, como na melodia, no tipo que eu gosto, balada com violão. Me inspirei muito no violão de Paul McCartney."[5]

No começo, influenciada por Paul, Cássia pensou em ser violonista, e chegou a tocar em alguns shows de amigos em Brasília. Até que alguém deixou claro que seria muito desperdício uma cantora de voz grave, diferente de tudo que se ouvia na cidade, sobretudo em shows de música brasileira, se limitar a tocar um instrumento.

"Eu dava tiro pra todo lado, porque eu não sabia o que queria fazer. Na verdade, eu queria ser guitarrista, acompanhar os outros, ter uma banda e tocar, mas aí falaram pra eu ser cantora, que a minha voz era legal, bacana. Vai cantar, 'rapaz', me falaram, vai cantar. Aí eu saí fazendo tudo o que aparecia de cantora."[6]

Em janeiro de 1981, Cássia decidiu participar do teste seletivo para o musical *Veja você, Brasília*, com roteiro e direção do cantor e compositor Oswaldo Montenegro. Previsto para estrear no primeiro semestre daquele ano, o espetáculo seria encenado na recém-inaugurada Sala Villa-Lobos, no Teatro Nacional.

Montenegro escolheria jovens cantores da cidade para se juntarem ao seu núcleo duro, artistas mais experientes, que estariam na linha de frente do musical. Não haveria protagonista — todos cantariam juntos, do começo ao fim do espetáculo. Esse era o roteiro imaginado pelo diretor até o terceiro dia do

Essa musicalidade que
eu tenho é de nascença.
Tudo que eu faço é relacionado
com música. Quando fiz
2 anos, mamãe me deu
um radinho de pilha.
Eu já cantava marchas de
Carnaval na época,
ouvia muito disco.

processo de seleção, antes de uma menina de 19 anos obrigá-lo a mudar completamente a concepção do espetáculo.

Outra também presente para o teste, Zélia Cristina, então com 17 anos e que mais tarde adotaria o nome artístico de Zélia Duncan, lembra, em depoimento ao autor, o estado de perplexidade de Madalena Salles, flautista encarregada de avaliar a prova, e dela própria, quando Cássia entrou na sala: "Foi algo assustador, impactante. A primeira imagem que eu tenho desse dia é da Cássia entrando no teatro completamente calada, daquele jeitão só dela, se dirigindo ao palco. E do meu choque, e do de todo mundo que estava lá, as outras garotas, o pessoal da direção, ao ver uma mulher corpulenta, forte, com a sobrancelha raspada e a franja bem curta, que lembrava a do Juruna [o primeiro deputado federal indígena do país]. A gente era muito reprimido, vivendo ainda sob uma ditadura militar, numa cidade cheia de políticos e milicos, que não tinha muita coisa pra fazer. Tudo era muito careta. E aquela garota com sobrancelha raspada, meio punk, meio cool. E eu olhando pra ela, meio sem entender, mas fascinada: 'Essa mulher é diferente de tudo que eu já vi'. E ela nem tinha começado a cantar".

Zélia recorda que, quando isso aconteceu, ninguém mais disse uma palavra no teatro: "A Madalena Salles, flautista e assistente de direção do musical, pediu pra Cássia cantar alguma coisa ao violão. E todo mundo apreensivo. Será que é só pose dessa garota? Eu não tinha dúvidas de que não era.

Porque o corpo fala, né? Tava na cara que aquela garota tinha atitude. Mas toda a galera do teatro estava curiosa pra saber se a voz estaria à altura daquela postura. Podia mesmo ser só uma menina querendo impressionar. Quando a Cássia começou a cantar... Putaqueopariu! Aquela voz rouca, áspera, invadindo o teatro. A Madalena levantou, saiu correndo e foi chamar o Oswaldo, que estava almoçando no refeitório do teatro".

"A Madá me chamou no intervalo do ensaio: 'Oswaldo, para tudo que você tá fazendo e vem pra cá agora'. Eu estava começando a almoçar, morrendo de fome. Disse que não podia. E a Madá: 'Para o almoço, meu camarada. Vai lá no coral e pede pra uma tal de Cássia Rejane cantar pra você'. Fui lá, meio irritado, mas curioso, e gritei: 'Vem cá, quem é a Cássia Rejane aí?'. Ela disse, timidamente, com a voz quase sumindo: 'Eu'. Levantou o dedo indicador, meio encolhida. Fiquei pensando: 'Porra, vou comer comida fria. Eu mato a Madá'. Fui caminhando em direção à Cássia, que tinha se encolhido ainda mais. Parecia um caramujo. 'Você poderia cantar alguma coisa pra mim?' Porra, foi o maior susto que eu tomei na vida. Quando ela começou a interpretar 'I've Got a Feeling', dos Beatles, quase caí pra trás. Porque, por mais que a Madá tivesse, de certa forma, preparado o meu espírito, eu não esperava ouvir o que eu ouvi. A voz da Cássia era um assombro", conta Oswaldo Montenegro.

O diretor deu dicas preciosas a Cássia. Ela não precisava "machucar" a voz o tempo todo. Tinha recursos para fazer o que quisesse, escalando as notas no ritmo que achasse melhor.

Escolhida para abrir o musical, roubou a cena, alternando as várias potências, ora cantando macio, de um jeito doce, ora sendo a garota punk da audição.

Aliás, ao aparecer no dia da estreia sem um pelo na cara — havia raspado as sobrancelhas e os cílios —, Montenegro a aconselhou a não deixar o rosto tão vazio, problema que ela resolveu desenhando as sobrancelhas com um batom.

Oswaldo ficou tão entusiasmado com o desempenho de Cássia durante os ensaios que entrou no Beirute, o bar mais descolado de Brasília, gritando: "Descobri a maior cantora do Brasil!". A própria Cássia, levada por amigos, logo estaria entre os mais assíduos habitués da bodega, fascinada com a atmosfera do lugar. Desde o fim da década de 1970, o Beirute se tornara um dos pontos de resistência contra os caretas da cidade.

Em 1979, os frequentadores do Beirute expulsaram dois homens que se beijaram na boca. Cansada dos seguidos casos de opressão, a comunidade gay de Brasília enfim se mobilizou e reagiu. Na mesma noite, dez casais homossexuais entraram no bar e beijaram uns aos outros. O beijo coletivo virou notícia na cidade, e no dia seguinte o espaço já estava tomado por gays e simpatizantes.

Líder da mobilização, o ator e dramaturgo Alexandre Ribondi aproveitou para criar o grupo Beijo Livre, o primeiro coletivo de luta LGBT de Brasília e um dos primeiros do Brasil. Em 1983, sob o olhar curioso de Cássia, dois homens se "casaram" no Beirute.

O Brasil ainda estava muito longe de aprovar a união civil entre pessoas do mesmo sexo — o que aconteceria apenas trinta anos depois, quando o Conselho Nacional de Justiça (CNJ) publicou uma resolução que permitiu aos cartórios registrarem uniões homoafetivas. Mas o "casamento" no Beirute teve força simbólica, encorajando outros casais gays a repetirem a atitude.

Cássia gostou do que viu, mas não sentiu vontade de participar do grupo. Com muitos dilemas na cabeça, ela se recusava a levantar bandeiras, talvez pelo simples fato de não saber ainda qual era a *sua* bandeira e também por não ter muita paciência para suportar longas discussões e debates profundos sobre qualquer assunto. A cantora nem suspeitava que contribuiria indiretamente, depois da sua morte, para a decisão do Conselho Nacional de Justiça a favor do casamento homoafetivo.

A menina que chegara a Brasília se encantando com a atmosfera de ampla liberdade queria aproveitar a nova fase da vida sem ter compromisso com absolutamente nada. No Beirute, perdeu as contas das vezes que precisou ser carregada pelos amigos após se entupir de cachaça com guaraná. Numa noite de bebedeira, sem ninguém para ampará-la, sentou-se no meio-fio ao lado de um sujeito que estava abraçado à namorada, também de porre.

Cássia achou o cara esquisito, mas interessante. Engataram uma conversa sobre poesia. Ele falava compulsivamente enquanto rabiscava anotações num caderninho. Ela se cansou um pouco de tanta falação e pulou fora. Mais tarde, relatou o encontro a amigos e, ao descrever aquele sujeito e seu inseparável caderninho, soube que se tratava de Renato Russo, vocalista da Aborto Elétrico, banda de punk rock da cidade recém-dissolvida.

Se o futuro vocalista da Legião Urbana e autor de um dos maiores sucessos da carreira de Cássia não se mostrasse tão prolixo e agitado, aquele encontro no meio-fio em frente ao Beirute poderia ter se transformado num trisal. No verão de 1983, Cássia estava tão interessada em homens quanto em mulheres. Na verdade, mais em homens.

"Trepei com um cara pela primeira vez quando tinha 23 anos. Foi uma época bem legal, quando eu só queria homem."[7] Com o tempo, ela começou a enxergar alguns impedimentos. "Acontece que botei na minha cabeça que seria muito complicado um relacionamento meu com um homem. Fico muito amiga dos caras e com o tempo eles não me veem mais como mulher. Não fico de nhe-nhe-nhem, não faço joguinhos, falo e faço o que eu quero, entendeu?"[8]

Com os amigos homens, Cássia podia ser escrachada, politicamente incorreta — raramente era patrulhada, o que não acontecia quando dizia algo considerado absurdo pelas feministas da cidade. O que ela fazia com certa frequência em Brasília.

"Brinco com o comportamento das pessoas, gosto do machismo, não acho que seja ruim. Eu adoro imitar bofe. Passa uma mulher e eu falo: 'Gostosa!'. Ou então coço o saco. Não sou de pegar menina assim, mas às vezes eu falo só pra sacanear:

'E aí, gata?'. Acho que deve ser interessante ter um pau, aquela sensação de enfiar, né? Se eu tivesse um pau, botava ele pra fora o dia inteiro."[9]

Ela logo perderia interesse pelos meninos. Em reunião no apartamento de uma amiga, Marilene, Cássia conheceu de uma só vez duas mulheres que exerceriam enorme influência em sua vida e carreira. Duas paixões avassaladoras: uma amorosa e outra profissional. Um despretensioso jantar que guiou Cássia para um caminho sem volta. A partir dali, ela teria, sim, uma obrigação, uma tarefa a seguir: dar conta de seu enorme talento artístico.

E esse dom se manifestou após a quarta dose de cachaça com guaraná entornada naquela noite. A pianista e mestre em música Dora Galesso conheceu Cássia no momento em que ela imitava outros cantores numa roda de violão. Quando começou a cantar "Ne me quitte pas", no estilo de Nina Simone e de forma engraçada, Dora riu, mas depois ficou séria: acabara de achar a vocalista para sua banda de rock.

Considerada uma das mais versáteis e irreverentes artistas da nova cena musical de Brasília, Dora pouco antes tinha dispensado os três americanos com quem formara uma banda country, a Wood Shadow. Arrependida, queria cantar música brasileira, de preferência com uma pegada bem rock'n'roll, e não sucessos de Johnny Cash.

Completava-se assim o grupo Malas & Bagagens, liderado por Dora Galesso no piano, moogie e vocal — ela cantava, mas não possuía gogó suficiente para segurar os rocks mais pesados. Não era o caso da amiga de Marilene, que sem esforço algum levava a voz para onde quisesse. Dora tinha encontrado, enfim, sua vocalista solo, que tocaria guitarra base, além de ajudar na percussão.

A jornalista Elisa de Alencar também se surpreendeu naquele jantar ao conhecer duas Cássias que se projetaram diante dela. Primeiro, a garota tímida, que mal abria a boca, meio invocada, mas ao mesmo tempo doce como uma criança. Bastou Marilene pedir para que ela imitasse Maria Bethânia para tudo mudar. Pelo avesso.

Uma mulher se apoderou da outra. A tímida deu lugar a uma artista sem qualquer traço de inibição. Depois de improvisar uma hilária versão de um hit da época, "Óculos", dos Paralamas do Sucesso, interpretado ao jeito de Bethânia, Cássia encarnou uma versão punk do cantor brega Lindomar Castilho.

Cássia aceitou os dois convites recebidos naquela noite: para ser a vocalista do Malas & Bagagens e para dormir na casa de Elisa. O segundo convite não foi aceito prontamente. Estava com receio da reação da mãe. Cansada das atitudes de Altair, que continuava arrumando encrenca no trabalho, Nanci assumira de vez as rédeas na criação dos quatros filhos. Pelo último ato de indisciplina, outra agressão a um oficial, o sargento havia passado uma longa temporada preso no quartel, sem receber o soldo.

Decidida a se virar sozinha, Nanci ingressou em um curso de auxiliar de enfermagem. Entregue à dupla jornada, sem tempo para absolutamente mais nada, exigiu dos filhos comportamento exemplar, cobrança dirigida em especial a quem dava mais trabalho: a primogênita.

A determinação de Nanci veio bem na hora em que Cássia pretendia ser solidária à mãe. Não queria aborrecê-la e só aceitou dormir na casa de Elisa depois que a jornalista prometeu falar com Nanci para acalmar as coisas.

Cearense de Crato, seis anos mais velha que Cássia, Elisa conciliava as atividades de jornalista e de produtora artística. Disciplinada, não lhe faltava trabalho em Brasília. O salário de assessora de imprensa do diretor da Organização das Nações Unidas para a Alimentação e a Agricultura (FAO), somado ao que recebia pela produção de shows, lhe possibilitava dividir com outras três pessoas o aluguel de uma casa confortável no Lago Sul, região nobre da cidade.

Elisa cumpriu a promessa de explicar pessoalmente a Nanci os motivos da ausência da filha na noite anterior. A mãe de Cássia abriu a porta irritada, pronta para dar um longo sermão. A jornalista a tranquilizou, disse que fizera o convite a Cássia porque achava perigoso ela voltar para casa de madrugada e sozinha. Nanci sentiu confiança e desde então passou a ver com bons olhos o início do namoro.

Com tantos problemas para resolver, desistiu de implicar com a orientação da filha, que estava adulta e deixara de ser a adolescente de Lins de Vasconcelos. Além do mais, Nanci, como a maioria das mulheres da família, atravessara boa parte da vida abrindo mão dos próprios sonhos para viver os dos outros. Que Cássia fizesse suas escolhas, sem a interferência de ninguém. Era o que já estava acontecendo.

A antes anônima frequentadora do Beirute era agora, como vocalista do Malas & Bagagens, uma das estrelas do circuito alternativo de Brasília. Os shows no Concerto Cabeças, na Feira de Música e no Jogo de Cena, três dos mais importantes eventos culturais da cidade, elevaram a banda a outro patamar. Em 1983, o grupo recebeu o convite para participar da segunda edição do Rock Way.

Maior festival de música de Brasília, o evento juntou bandas e cantores consagrados, como Raul Seixas, Lulu Santos e A Cor do Som, com novos nomes da cena local. Era o caso dos Paralamas do Sucesso, que faziam a primeira grande apresentação na cidade. Cássia também cantou pela primeira vez para um público de mais de 15 mil pessoas.

Ela gastou o cachê em um dia. Sem a mínima aptidão para lidar com dinheiro, estava sempre dura, sem grana pra nada. Quando precisava comprar cigarro, esquecia a timidez e passava a pedir uns trocados em pontos de ônibus. Dizia que era para pagar a passagem. Os amigos riam da cara de pau da cantora.

Cássia também torrou a grana que recebeu pela participação na ópera *Porgy & Bess*, encenada em Brasília. O talento vocal abriu várias frentes de trabalho para a cantora, que nem sempre estava disposta a aproveitá-las. "Dos 21 aos 24 anos, tomei aula de canto e trabalhei com ópera, mas não era minha onda. Havia muita disciplina, eu fumava e tomava pinga, queria ficar na turma dos doidões. Passava noites acordada na farra."[10]

Preocupada com o estado de dureza de Cássia, Elisa enxergou uma oportunidade de garantir grana extra para a namorada. A jornalista ficaria fora de Brasília por um mês, e sugeriu ao chefe, o grego Kostas Trikoupis, diretor da FAO, que Cássia a substituísse. Ela falava bem inglês (autodidata em quase tudo, a cantora aprendera a língua tirando músicas no violão) e era absolutamente confiável — nesta última qualidade, Elisa exagerou um pouco.

Na primeira semana, Cássia cumpriu cada uma das recomendações. Largou as havaianas em casa, chegou ao trabalho com sapatos cedidos por uma irmã, o tailleur de outra e executou o que lhe determinaram: atendeu telefonemas e anotou recados. Não eram essas as tarefas de Elisa, que pleiteou limitar as funções da amada para diminuir os riscos. E assim tudo parecia correr bem. Trikoupis gostou dela e lhe prometeu um emprego no Ministério da Agricultura, que abrigava o escritório da FAO.

Na semana seguinte, Cássia não apareceu na Esplanada dos Ministérios. Dedicou o dia a tirar músicas no piano de Elisa e a ouvir discos da imensa coleção da dona da casa. Trikoupis estranhou a ausência da garota e se comunicou com a funcionária, que ligou para o telefone da própria casa e falou com ela.

A cantora explicou que não tinha nascido para ficar o dia inteiro sentada, cumprindo funções burocráticas. E que nenhum dinheiro do mundo a faria pisar de novo no escritório, apesar de ter achado o grego "gente fina". Ele parecia estar sempre ligeiramente alterado, o que levou Cássia, ótima em dar apelidos, a chamá-lo de "Tri-Copos".

O dinheiro logo começaria a entrar, gasto sem parcimônia pela cantora mais requisitada de Brasília. Todos queriam Cássia Eller. A explosiva performance como vocalista do Malas & Bagagens lhe abriu muitas portas. Ela entrou no radar de um dos mais talentosos nomes da nova cena teatral da cidade, o diretor e ator Marcelo Saback, que havia tempos procurava alguém para estrelar seu novo musical, escrito em parceria com o dramaturgo e líder do histórico beijo coletivo no Beirute, Alexandre Ribondi.

Com Cássia à frente, *Gigolôs* estreou no Teatro Nacional em dezembro de 1985, tornando-se um dos maiores sucessos de público e crítica da temporada. Ao assistir ao musical, o diretor uruguaio Hugo Rodas, radicado em Brasília, ligou imediatamente para uma amiga e contou o que acabara de presenciar. Estava convicto de que o arrebatamento dela seria ainda maior quando visse o espetáculo.

E ele estava certo. A amiga apaixonou-se instantaneamente pela protagonista de *Gigolôs*, e não só pela performance artística. Um dos mais importantes nomes da nova cena cultural em Brasília, a atriz, diretora e artista plástica Luciana Banana grudou em Cássia. As duas iniciaram um namoro e, dias depois, já estavam morando juntas no apartamento de Luciana, um quarto e sala todo pintado de preto. Elisa não fez nada para impedir o romance; já estava em outra também.

Centralizadora e passional, Luciana assumiu o controle da vida de Cássia. Ela mesma cortava o cabelo da namorada bem curtinho e escolhia suas roupas. Trocou bermudas e chinelos por macacões, paletós e sapatos bem transados. A cantora se deixou levar, também apaixonada e grata por tantas dicas e ensinamentos.

Um novo mundo se abriu para Cássia. Luciana, sempre antenada, mostrou à companheira que a música brasileira não se resumia a Caetano Veloso e Chico Buarque. Ela precisava urgentemente ouvir o pessoal de São Paulo, a galera da Vanguarda Paulistana, liderada por Arrigo Barnabé, paranaense, e Itamar Assumpção, natural de Tietê, interior de São Paulo. Cássia seguiu a dica com imenso prazer, encantada com os experimentalismos sonoros desse movimento.

A onipresença de Luciana fez bem e mal a Cássia, que cansou de suportar o excesso de ordens e os ataques de ciúme da namorada. Durante um jantar no apartamento do casal, com a presença de amigos, Cássia chamou Elisa, também convidada, para uma conversa na cozinha. Nervosa, queria confessar uma coisa à ex-companheira: estava perdidamente apaixonada por uma amiga de Luciana.

— Qual delas? — perguntou Elisa.

— Maria Eugenia.

CAPÍTULO 3

OS VANGUARDISTAS ESTÃO CHEGANDO

REPERTÓRIO CD NOVO

1) MENINA GOIABA - (GILBERTO GIL) - 1974

2) ABRA O OLHO - (GILBERTO GIL) - 1974

3) VAI QUERER - (LUÍS CAPUCHO/SUELI MESQUITA)

4) LUZ DOS OLHOS - (NANDO REIS) e

5) COMADRE - (JOÃO BOSCO/ALDIR BLANC) e

6) DA ESQUINA - (XIS)

7) O FOLE RONCOU -

8) VILA DO SOSSEGO (ZÉ RAMALHO) e

9) PARTIDO ALTO (CHICO BUARQUE)

10) COME TOGETHER (LENNON/MCARTNEY)

Maria Eugenia Martins tinha a nítida impressão de que Cássia não ia com a sua cara. Toda vez que a servidora do Tribunal Superior do Trabalho (TST) chegava ao apartamento de Luciana, levada por um amigo em comum, ela dava um jeito de sair da sala e não voltava mais. "Eu achava que era rejeição, que ela não gostava de mim. A Banana me tratava superbem, mas a Cássia não falava comigo. Até comentei com amigos. E eles: 'Não, não, fica tranquila, é só timidez'."[1]

O acanhamento chegou a níveis insuportáveis depois de Cássia se dar conta de que, mesmo sem trocar uma palavra com Eugenia, estava completamente louca por ela. Rolaram muitas sessões de vídeo na casa de Banana até que, enfim, Eugenia derrubou o muro imposto pela namorada da anfitriã e se aproximou. E, quando isso aconteceu, elas não se separaram mais.

Dois anos mais velha que Cássia, Eugenia também convivera com os horrores do machismo. Caçula de quatro irmãos, teve que se mudar ainda criança de Ponte Nova, interior de Minas Gerais, para ser criada por Anabella, a tia materna, no Rio de Janeiro. Isso porque o pai, empresário recém-falido, largara mulher, filhos e boletos para se casar com uma empregada da fazenda e morar com ela.

Assim como os Eller se mudaram para Brasília na esperança de "endireitar" Cássia, a tia de Eugenia mais tarde também se transferiu para a capital do país com um plano de vida traçado para a sobrinha. "Ela era uma pessoa extremamente controladora. Chegou a dizer que era 'a guardiã do meu hímen'. Coitada, nem desconfiava que ele já tinha ido pro espaço havia muito tempo."[2]

Anabella deu à jovem três opções: cursar Medicina, Engenharia ou Arquitetura. Eugenia optou por Medicina, passou no concorrido vestibular da Universidade Federal de Brasília, mas não demorou a tomar as rédeas da própria vida.

Eugenia deixou aos poucos de comparecer às aulas de anatomia e biologia molecular para se meter no teatro universitário. A tia-guardiã não gostou e tentou proibir a sobrinha de frequentar os ensaios à noite, mas a jovem estudante se rebelou, e o rompimento se tornou inevitável.

Emancipada pela mãe, Eugenia se libertou. Foi morar com uma colega que estudava Enfermagem, fez teatro, trancou a faculdade de Medicina e viajou de carona pelo Nordeste com o namorado, metido em política estudantil. Na volta, inscreveu-se no curso de Letras, também logo abandonado.

A estudante caiu no mundo, rodando a Europa com um novo boy, um aluno de História que pagava as contas vendendo bolinho de arroz integral no campus. Eugenia morou três meses com Jean Claude em Bruxelas, na Bélgica. Após a separação, retornou a Brasília, conheceu Louise, mãe da futura cantora Zélia Duncan, e passou a circular com uma nova galera, a de Banana.

Da turma, era uma das poucas que havia se tornado independente economicamente logo cedo, após ser aprovada no difícil concurso do TST.

Num primeiro momento, o romance com Cássia não provocou nenhum rompimento afetivo. Formou-se um trisal, com Banana aceitando o arranjo amoroso, desde que a presença de Eugenia não significasse uma ameaça à relação. Mas não houve jeito. Quanto mais próxima de Eugenia, mais distante Cássia ficava de Banana.

Banana era exagerada nas emoções amorosas, e Eugenia, o avesso, não impunha nada na relação. Cássia estava apaixonada pela servidora do TST, mas se incomodava com o excesso de ingerência da namorada. Banana não aceitou o afastamento e se irritou ainda mais depois que uma outra mulher pareceu assediar a cantora, comparecendo a todos os seus shows, e até marcara uma reunião com ela.

Cássia não apareceu no encontro marcado com Deborah Dornellas, muito provavelmente para não aborrecer Banana. Estudante de Jornalismo e produtora de shows, Deborah não pensava em outra coisa: desejava realizar uma gravação com a intérprete mais incrível de Brasília e levar o mais rapidamente possível uma "fita demo" até São Paulo ou Rio de Janeiro, o caminho natural de grandes talentos como ela.

Não foi fácil. Banana, enciumada, fez de tudo para blindar Cássia contra as investidas da produtora, mas Deborah ganhou a confiança da cantora. E, mais tarde, de Eugenia. A aproximação da produtora coincidiu com o rompimento de Cássia com Banana, que não lidou bem com a perda amorosa e se afastou para sempre, mudando-se para os Estados Unidos.

"Banana foi muito importante para a Cássia. Era uma pessoa extremamente generosa, culta, inteligente, que apresentou muitos artistas novos, sabia muito de palco, da parte cênica. Cássia aprendeu muito com ela. Mas também era uma pessoa difícil, muito manipuladora, passional. Queria mandar em tudo, em cada detalhe. A Cássia não sabia dizer não, e, no começo, apaixonada, topou essa ingerência. Mas não gostava, não, ficava muito irritada, mas não verbalizou esse incômodo. Foi guardando, guardando, até explodir e terminar com Banana. Claro, a relação comigo também contribuiu para o rompimento. Tive participação direta e me sinto culpada por isso. Mas na hora da paixão vale tudo, né? E a gente estava muito apaixonada", conta Eugenia.

A vida seguiu. Um amigo de Eugenia, com bons contatos no Rio, convenceu colegas que trabalhavam na SBK Records, um pequeno selo musical associado à gravadora EMI, a prestarem mais atenção em Cássia. Eles gostaram do que ouviram, e a cantora recebeu o chamado para assinar o primeiro contrato da carreira.

O contrato não assegurava quase nenhum direito a Cássia. Ela ficaria completamente refém das decisões da gravadora, que nem sequer lhe enviou as passagens de avião. Deborah tirou seu Fiat 147 da garagem, pediu coragem à cantora, que estava sem disposição para viajar, e as duas seguiram de carro para o Rio, enquanto Eugenia batia ponto no tribunal.

Após uma longa viagem, com uma parada em Belo Horizonte para descansar na casa de um parente de Eugenia, Deborah e Cássia chegaram ao Rio no começo de julho de 1988. Na primeira reunião com a SBK, Deborah sentiu que as coisas seriam difíceis, não só para ela como produtora, tratada com indiferença pelos diretores da gravadora, mas também para Cássia, que não teria mesmo direito a absolutamente nada. Deborah conta em depoimento ao autor:

"A gente ficou hospedada em Laranjeiras, na casa de uma amiga da Cássia, a atriz Tânia Botelho. Fazia frio no Rio. Pela Cássia, ela ficaria com os amigos por ali mesmo, trancada no apartamento, tomando cachaça, tocando violão, e dane-se a reunião para assinar o contrato. Mas a gente estava lá para isso, e fomos até a gravadora. Chegamos no escritório da SBK, aquele ambiente total de firma, estritamente masculino. E a Cássia superincomodada. Os caras, uns escrotos, me trataram com indiferença. Sabiam que eu estava lá para ler o contrato, verificar as cláusulas, que nunca seriam lidas pela Cássia. Um dos diretores provavelmente achou que eu era o 'macho' de Cássia, porque se dirigiu a mim o tempo todo como se eu fosse homem: 'E aí, beleza, tudo certo?'. E eu lendo o contrato, leonino do começo ao fim, como todo contrato de artista iniciante. Mas era o que a gente tinha no momento. E Cássia olhando para mim, como se dissesse: 'Assina logo essa porra e vamos pular fora daqui'."

Ansiosa para curtir a noite carioca, Cássia só pensava no show do ídolo Arrigo Barnabé, que aconteceria no dia seguinte, no Circo Voador. Ela ficou ainda mais animada ao saber que Mário Manga, compositor e multi-instrumentista do Premê (Premeditando o Breque), daria uma canja na apresentação de Arrigo.

Manga era o autor de "Rubens", música gravada pelo Premê em 1986 que narra as agruras de um jovem gay que tenta viver o amor e o sexo em tempos de repressão e aids. Parecia ter sido feita para Cássia. Ela também achava isso, tanto que a cantava nos shows em Brasília.

Avessa a discursos panfletários e a levantar bandeiras, Cássia preferia encarar a questão da homossexualidade de um jeito mais leve e irreverente. Os dois personagens de "Rubens" não querem seguir um caminho preestabelecido. A única obrigação é amar:

> Eu nunca quis te dizer
> Sempre te achei bacaninha

O tempo todo sonhando
Com a tua pica na minha

[…]

Quero te apertar
Quero te morder, me dá
Quero mas não posso, não, porque
Rubens! Não dá!
A gente é homem
O povo vai estranhar
Rubens! Para de rir menino
Se a tua família descobre
Eles vão querer nos engolir

Cássia foi Rubens na vida. A família também quis engoli-la ao saber do namoro com Moema. Não deu pé. Os pais, envergonhados com o falatório da vizinhança, se mudaram para Brasília, na esperança de que a primogênita parasse de morder e apertar mulheres. Deu tudo errado para eles, e certo para Cássia. Ela se libertou, assumiu as relações, peitou a família, mas com o tempo se viu aprisionada de novo, vivendo com uma mulher passional e ciumenta.

Até Cássia explodir. "Sou as duas coisas [doce e agressiva]. Não queira comer um quilo de sal comigo."[3] Eugenia deu o que Cássia queria: liberdade. Não havia regras na relação, nem imposições ou julgamentos. O único combinado: que não houvesse qualquer segredo entre elas. Trato respeitado em parte por Cássia.

Na viagem para o Rio, para assinar o contrato com a SBK, Cássia se envolveu com o violonista Marco Pereira. Ele se apaixonou; a cantora, nem tanto, e lidou com a situação abrindo o jogo com Eugenia. Era só um namorico de inverno, logo passaria. Passou pra Cássia, que logo estava em outra, mas não para o músico, que curtiu um bom tempo de fossa.

Cássia e Marco Pereira assistiram juntinhos ao show de Arrigo Barnabé no Circo Voador. Deborah insistiu que a cantora fosse ao camarim de Arrigo — amigos em comum fariam a apresentação. Mário Manga queria conhecê-la. Não seria só tietagem, explicou a produtora, e sim uma oportunidade de se aproximar de uma turma de artistas que tinham tudo a ver com ela.

A cantora bateu o pé, não iria a lugar nenhum. Morreria de vergonha. Não conseguiria abrir a boca. Deborah seguiu sem ela para fazer os contatos. Enquanto esperava a produtora, Cássia decidiu ir ao banheiro. De cabelo curtinho, usando um longo paletó preto até a altura dos joelhos, meião e short — herança dos tempos de Banana —, a cantora foi barrada na porta por um segurança do Circo Voador. "Aqui é de mulher. O de homem é do outro lado."

O poeta Tavinho Paes também achou que Cássia fosse um homem ao vê-la cantando pela primeira vez no bar e restaurante

Bom Demais, em Brasília. Ele era um dos diretores artísticos da SBK, e estava ali para acompanhar de perto o trabalho da cantora recém-contratada pela gravadora.

Não se tratava de um show qualquer. As apresentações de Cássia no Bom Demais, com lotação máxima todos os dias, já tinham entrado para a história musical de Brasília. Num primeiro momento, Tavinho viu no palco apenas um rapazinho punk, mas logo notou que o espetáculo era muito mais que isso. Não acontecia nada semelhante na cidade.

Numa performance arrebatadora, incendiária, Cássia interpretava canções de Beatles, Jimi Hendrix, Arrigo Barnabé, Luiz Melodia e Tom Jobim de um jeito que ninguém ouvira até então, subvertendo os arranjos originais, variando a potência de voz num domínio de palco e de canto próprio dos grandes intérpretes. Uma cantora pronta, embora ela mesma ainda não percebesse isso.

Os burocratas da SBK não entenderam nada. Tavinho Paes recebeu a recomendação de mudar tudo. Cássia podia até continuar arrotando e cuspindo no palco, como nos shows do Bom Demais. Mas, para isso, deveria cantar um repertório condizente com a atitude de roqueira, e não canções de Arrigo Barnabé, Luiz Melodia e Tom Jobim.

Autor de sucessos como "Rádio Blá", gravada por Lobão, e "Totalmente demais", primeiro pelo Hanoi Hanoi, grupo que ajudou a fundar, e depois por Caetano Veloso, Tavinho Paes recebeu carta branca da gravadora para transformar

Cássia numa cantora mais comercial, ou seja, parecida com todas as outras.

Deborah Dornellas se esforçou bastante, mas não conseguiu diminuir a ingerência da SBK no trabalho de Cássia. Decidiu levá-la para São Paulo, onde haveria muito mais espaço e visibilidade para mostrar que poderia ser ela mesma e não a nova Rita Lee, ou uma espécie de Renato Russo de saias, como Tavinho sugeriu. Deborah alugou um apartamento na bem localizada Rua Augusta, chamou mais três amigos para dividir o aluguel e os convenceu a reservar um quarto para Cássia e Eugenia.

Uma das moradoras do apartamento da Augusta, a jornalista Estela Madalosso não sentiu confiança quando Eugenia, a recém-chegada amiga de Deborah, contou que a namorada estava em São Paulo para seguir a carreira de cantora. Se ela queria mesmo ser uma artista, que pelo menos colocasse um vestido — seria bom também se livrar daqueles chinelos velhos.

E começasse a abrir a boca. O que Cássia só começou a fazer após duas semanas de São Paulo, quando sentiu, enfim, confiança para esticar uma conversa com Estela.

As duas eram as únicas que permaneciam o dia todo no apartamento. Os outros moradores trabalhavam fora. Eugenia havia pedido licença no tribunal e estava à procura de um emprego para ajudar nas despesas. Estela, freelancer de revistas e jornais, transformou a cozinha em escritório, interrompendo o texto na máquina de escrever apenas no momento em que Cássia vinha pegar alguma coisa na geladeira.

Cássia ficava no quarto estudando, tocando violão e tirando músicas de dezenas de fitas. Cantava baixinho, quase balbuciando. Estela não conseguia ouvi-la e continuava achando que aquela menina era muito bicho do mato para seguir uma carreira artística, ainda mais em São Paulo.

Até que numa noite, durante reunião com amigos de Deborah, Cássia entrou na sala com o violão e se sentou. Quando começou a cantar, Estela observou que as veias saltavam no pescoço da garota. A voz grave e potente, que a jornalista não esperava que pudesse sair daquele caramujo em forma de gente, tomou conta do décimo andar do prédio de doze andares.

Cássia cantou um dos pontos altos do show no Bom Demais: "Ne me quitte pas", a canção de Jacques Brel gravada por duas de suas intérpretes preferidas, Édith Piaf e Nina Simone. O improviso de Cássia surpreendeu a todos, inclusive o policial militar que interfonou para o apartamento, após a reclamação de um vizinho. "O aparelho de som está muito alto. Por favor, abaixem o volume."

Deborah seguiu na batalha para divulgar o trabalho de Cássia em São Paulo, antes que a SBK resolvesse se apropriar de tudo. Levava consigo a fita demo gravada meses antes no estúdio Artimanha, em Brasília, com Cássia interpretando quatro canções: "Ain't Got Nothing but the Blues" (Duke

Ellington), "Já deu pra saber" (Itamar Assumpção), "Labirinto" (Márcio Faraco) e "Ne me quitte pas".

Essa mesma fita chegou às mãos dos proprietários do Aeroanta, uma das casas mais badaladas de São Paulo, conhecida por abrir espaço para novos artistas. O argumento para não contratar Cássia para uma temporada de shows foi o mesmo usado pelos diretores da SBK: o repertório era considerado pouco palatável, hermético demais para os padrões do espaço.

Em meio à frustração pela recusa do Aeroanta, Cássia e Deborah receberam um chamado para se reunirem com os executivos da SBK em São Paulo. Tavinho Paes, vindo do Rio, chegaria mais tarde ao encontro, mas transmitiu a um músico de confiança, que morava na cidade, a missão de convencer Cássia a aceitar algumas concessões.

Cássia e Deborah chegaram cedo à reunião. Já tinham estranhado o local do encontro, um luxuoso restaurante na região da Faria Lima. E não entenderam nada quando Luiz Carlini, ex-guitarrista da Tutti Frutti, por muitos anos a banda de apoio de Rita Lee, sentou-se à mesa e não parou mais de falar. Quanto mais Carlini falava, mais Cássia se afundava na cadeira. Em depoimento ao autor, Deborah conta:

"Cássia não se identificou com nada: com o restaurante, com aquelas pessoas, com o Carlini, que chegou colocando banca, dizendo o que a gente tinha que fazer, o que Cássia deveria gravar. Ele queria que ela cantasse clássicos do rock brasileiro e internacional. Chegou a sugerir que ela gravasse uma balada de uma banda meio farofa, tipo Poison. O Carlini não sacou nada, não conhecia o trabalho da Cássia. Nunca tinha visto um show dela em Brasília. Ela cantava com uma pegada roqueira, com uma atitude roqueira, mas não era uma roqueira. O repertório dela era muito mais amplo e sofisticado. Nos shows em Brasília, ela cantava 'Inútil paisagem', do Tom Jobim! Quando fui com ela pro Rio, dirigindo o meu Fiat 147, ouvi pela primeira vez uma canção da Nina Simone, cantada por ela. Foi a primeira vez que ouvi também 'Tea In the Sahara', do [The] Police. E sem falar nas canções do Arrigo, do Itamar. Ela era uma enciclopédia musical, porque gostava de comprar os livros de cifras, conviveu num ambiente muito musical desde cedo, com os tios maternos, com a mãe, fã de Dolores Duran. E o Carlini querendo que ela cantasse baladinha americana? E aí chegou o Tavinho Paes com os executivos da SBK. Cada um com mil ideias, uma pior que a outra. Um deles sugeriu a mudança de nome artístico de Cássia Eller pra Cássia 'Reller'. E a gente sem entender nada. Ele tentou explicar: 'É um sobrenome que pode ser pronunciado da mesma maneira de frente pra trás, de trás pra frente. Legal, né?'.

"Ele achou que era uma grande sacada, ficou fazendo cara de gênio. A Cássia querendo vomitar. Fomos para o banheiro, e ela, apavorada: 'Bicho, por favor, me tira desse pesadelo. Inventa qualquer desculpa, diz que minha mãe morreu, mas me tira daqui'."

Deborah explicou a Cássia que havia um só caminho possível para ela se livrar para sempre de reuniões como aquela: mostrar aos idiotas da gravadora que era possível, sim, chegar ao sucesso sendo ela mesma, sem fazer qualquer concessão no repertório, nem no jeito de se vestir, tampouco no nome artístico. Mas, para isso, carecia batalhar, realizar mais shows, criar o próprio público, conquistá-lo. Começando por São Paulo.

A produtora recomendou que enfrentasse a timidez e fosse ao encontro das pessoas certas. Podia começar por um caminho menos tortuoso: marcando presença entre a turma cultuada por ela, a Vanguarda Paulistana. Um erro estratégico de Deborah, já que o que deixava Cássia apavorada era justamente a possibilidade de estar frente a frente com alguém que admirava.

Por insistência da empresária, Cássia foi parar no último lugar da Terra onde gostaria de estar: na casa onde moravam dois de seus maiores ídolos: Arrigo Barnabé e Hermelino Neder.

Antes de entrar no sobrado da Rua Cônego Eugênio Leite, em Pinheiros, Cássia tomou dois copos de cachaça com guaraná no bar que ficava no andar de baixo da casa. A dose dupla não bastou para deixá-la menos retraída, a ponto de Hermelino achar, por um momento, que aquela menina sofria de algum tipo de autismo.

Um dos mais inventivos músicos da Vanguarda Paulistana, Hermelino era autor de "Pô, amar é importante!", canção presente no repertório de Cássia no Bom Demais e sucesso na voz de Arrigo Barnabé e Tetê Espíndola. Ela interpretava a parte de Arrigo e a de Tetê, alternando graves e agudos, ao mesmo tempo que encenava gestos grosseiros e delicados. A performance era um dos pontos altos do show.

Na primeira meia hora do encontro, Cássia só observou. Até o momento em que Hermelino pegou o violão para cantar algumas músicas do próprio repertório, com um gravador ligado. Combinou-se que Cássia levaria a fita cassete para casa e, com calma, escolheria as favoritas para encorpar a lista das canções do espetáculo que pretendia realizar em São Paulo, desde que alguma casa se dispusesse a contratá-la.

O músico cantou por meia hora, enquanto Cássia assistia em silêncio, apenas movimentando levemente a cabeça cada vez que ele iniciava uma canção, num discreto sinal de aprovação. E só abandonou esse minimalismo no momento em que os dois anfitriões da noite, Hermelino e Arrigo, pediram para que ela cantasse. Hermelino conta em depoimento ao autor:

"Quando Cássia começou a cantar e tocar 'Eleanor Rigby', dos Beatles, com uma levada reggae, como se fosse um preto jamaicano, eu me lembrei imediatamente do meu pai [o também músico Jamil Jorge Neder]. Ele tinha servido o exército junto com o Garoto [um dos maiores violonistas de todos os tempos] e dizia que, quando ele começava a tocar perto de uma flor, a flor virava para o violão. E eu tive essa mesma impressão ao ouvir Cássia pela primeira vez. Foi algo inacreditável, muito impressionante. Fico arrepiado até hoje quando me lembro desse momento. Não só pela voz de Cássia, uma força da natureza, mas pela forma como ela cantou, dando personalidade própria a uma música manjada dos Beatles, de uma forma tão natural e genuína que ela parecia um cantor jamaicano do gueto. E não tinha essa história de talento em estado bruto. Não acredito nisso. Tudo na vida é trabalho. Ninguém nasce sabendo. O que ouvi naquela noite era resultado de muita disciplina, de muita repetição, de quem passava horas e horas aprimorando o canto, o jeito de tocar. Depois soube que Cássia era um pouco como João Gilberto, que gostava de ficar dias ensaiando, isolada, tirando aqueles livrinhos de cifras, cantando para si mesma. E no caso da Cássia havia um ingrediente a mais, que tornava tudo ainda mais impactante: ela se transformava no avesso dela mesma quando começava a cantar. Imagina o susto que eu e o Arrigo tomamos naquela noite, quando outra pessoa, de uma hora para outra, se apoderou daquela garota."

Ao sair do sobrado de Pinheiros, Cássia tomou coragem e dirigiu um convite a Hermelino: que assumisse a direção artística de seu primeiro show em São Paulo. Semanas depois, enfim, Deborah conseguiu fechar com uma casa de shows. Cássia cantaria por quatro fins de semana seguidos no Espaço Off, um teatro de bolso no Itaim Bibi que se tornara um importante espaço alternativo da cidade, recebendo jovens talentos da música e do teatro.

A uma semana da estreia, com tudo pronto, Cássia desistiu e disse que não iria mais se apresentar em lugar nenhum da cidade. Os donos do Espaço Off queriam matá-la, Hermelino

Neder não entendeu nada. Ela não voltou atrás e não quis explicar as razões do cancelamento de última hora, mas Deborah sabia os motivos. Uma coisa era cantar no circuito alternativo de Brasília para uma plateia de amigos, muitas vezes sem cachê, a outra era suportar a pressão em São Paulo para que tudo desse certo.

CAPÍTULO 4

O TIO

SGT PEPPER'S LONELY HEARTS
PRESENTE COTIDIANO
DA ESQUINA
O TEU BEM
MALANDRAGEM
(POR ENQUANTO)
ELES

REPERTÓRIO PARA PESQUISAR

MILTINHO

LUÍS GONZAGA

PONTUAL/VELOZ

JONI MITCHELL

SGT PEPPER'S LONELY HEARTS CLUB BAND

PRESENTE COTIDIANO

DA ESQUINA

O TEU BEM

MALANDRAGEM

(POR ENQUANTO)

ELES

A decisão de não se apresentar no Espaço Off criou vários problemas para Cássia. Primeiro, não havia dinheiro para mais nada. E Eugenia não podia oferecer ajuda financeira, pois tinha pedido uma licença não remunerada do tribunal para viver com a namorada em São Paulo. O casal também estava sem teto. Deborah Dornellas, insatisfeita com as vaciladas de Cássia, desistiu da parceria, e a primeira providência que tomou foi entregar o apartamento da Rua Augusta para o locador.

Pegas de surpresa, Cássia e Eugenia buscaram um lugar para morar na Vila Madalena, reduto da boemia paulistana, menos central que a Rua Augusta, o favorito de cineastas, músicos e artistas plásticos. Seria o bairro ideal para a cantora começar a circular e se virar sozinha. A companheira deixara bem claro que daria todo o apoio necessário e ao seu alcance, menos assumir as funções de Deborah.

Eugenia não possuía a mínima vocação para ser uma espécie de produtora da namorada, como Paula Lavigne (mulher e empresária de Caetano Veloso, famosa pela competência ao cuidar da carreira do cantor). Ela esperava que Cássia deixasse de lado a vergonha e a insegurança e voltasse a cantar em espaços alternativos, como fazia em Brasília.

Em São Paulo, maior e muito mais caótica que Brasília, a vida parecia mais difícil, sobretudo para alguém como Cássia, com seu jeito tímido de construir relações. Não era propriamente antissocial, mas precisava de um empurrão para se aproximar de alguém, mesmo que gostasse da pessoa, o que normalmente só aumentava o acanhamento. Fora assim com Eugenia, com as outras namoradas e com a maioria dos amigos.

Cássia e Eugenia acharam uma casa na Vila Madalena, na zona oeste de São Paulo, mas o negócio não andou por falta de fiador. Aceitaram, então, a sugestão de outra inquilina despejada do apartamento da Rua Augusta. A jornalista Cláudia Rodrigues procurava mais gente para rachar o aluguel, e nada melhor do que dividi-lo com as também ex-moradoras da Augusta.

As três ocuparam um apartamento de dois quartos em Santo Amaro, bairro da zona sul a cerca de quinze quilômetros do centro de São Paulo. Trabalhando como freelancer na editora Abril, com sede próxima, Cláudia estava a dez minutos de carro do trabalho. Já Cássia e Eugenia se sentiram no fim do mundo. Parecia que estavam em outra cidade. Nada da efervescência da Rua Augusta, com seus inferninhos, botecos, teatros e cinemas de rua. Da janela do oitavo andar, viam um mar de prédios, postos de gasolina, farmácias, supermercados, igrejas e um monumento ao mau gosto: a estátua do bandeirante Borba Gato.

Sem o entra e sai frenético do apartamento anterior, que vivia lotado de amigos dos amigos, Cássia ambientou-se rapidamente. O isolamento não era um problema para ela, acostumada a passar dias e dias trancada num quarto, cantando e tocando violão. E ainda por cima usufruía do acesso diário à maconha do vizinho de frente, um jovem que morava com a avó e escondia o fumo na caixinha do alarme de incêndio ao lado do elevador.

Eugenia tomou a iniciativa de pôr as coisas para andar. Não dava mais para recorrer aos vales-refeição da editora Abril doados por Cláudia. Elas precisavam gerar renda para sobreviver. O ideal seria Cássia sair para cantar na noite e aumentar os contatos na cidade, algo difícil para uma tímida contumaz. Eugenia fez sua parte, arrumando um emprego de secretária num estúdio de fotografia de um amigo de Cláudia.

Cássia voltou aos poucos a circular por São Paulo, levada novamente por Deborah Dornellas. O rompimento profissional não abalara a amizade das duas, e, toda vez que podia, a produtora dava um jeito de conduzir a cantora a casas de shows e festas de amigos, na esperança de que se enturmasse. O networking terminava costumeiramente com Cássia em algum canto, na dela, isolada, tomando cachaça com guaraná, louca para voltar ao sossego de seu quarto em Santo Amaro.

Deborah se mudara para São Paulo com a exclusiva missão de trabalhar o nome de Cássia. Seis meses depois, já abrira várias frentes de trabalho, enquanto a ex-cliente continuava uma completa desconhecida. Produtora da banda Mexe com Tudo, uma das principais atrações do bar Avenida Club, badalada gafieira em Pinheiros, tentou mais de uma vez convencer Cássia a participar de um show do grupo.

O clarinetista e percussionista pernambucano Zé Pitoco, líder da Mexe com Tudo, ouvira Deborah falar maravilhas da jovem cantora de Brasília. Até preparou um arranjo para o "Samba do Ziriguidum", sucesso na voz de Jackson do Pandeiro, especialmente para a canja dela. Na hora H, Cássia desistiu. Chegou ao Avenida na metade do show, pediu uma cerveja e sentou-se à mesa da última fileira.

Só voltaria a aparecer no Avenida no mês seguinte. Sair de Santo Amaro para o agito da zona oeste representava uma aventura para o casal de namoradas, sem o dinheiro do táxi e muitas vezes o do ônibus. Cássia divertia-se com a ideia de descer por trás, sem pagar passagem. Mais de uma vez, tiveram que correr do motorista indignado. Eugenia achava aquilo juvenil demais.

Na noite em que voltou ao Avenida, Cássia, mais uma vez, resistiu aos apelos de Zé Pitoco para cantar "Ziriguidum". Já no fim do show, sentada a uma mesa afastada do palco, recebeu um incômodo cutucão nas costas. Achou que se tratava de um chato qualquer e não se virou. A pessoa insistiu, batendo de novo com força o dedo indicador em seu ombro. Ela arrastou a cadeira e levantou-se, irritada. Estava disposta a dar um chega pra lá no sujeito se ele insistisse na aporrinhação. Mas abriu um largo sorriso ao constatar que o cara postado na sua frente, com os dois braços abertos, era ninguém menos que Wanderson Clayton Eller, o irmão mais novo de seu pai.

Não o via desde as últimas férias em Belo Horizonte, antes da mudança para Brasília. Não era bem uma relação de tio e sobrinha. Apenas três anos mais velho, Wanderson a tratava como prima. Cássia também gostava dele, identificada com o jeito rebelde do garoto, que detestava ir à escola, odiava as aulas de catecismo e passava o dia inteiro fumando maconha. Wanderson vivia às turras com os irmãos mais velhos, que não conseguiam endireitá-lo.

Cássia passou a ouvir tudo o que tio ouvia, principalmente Beatles, a banda preferida de ambos. Foi também com Wanderson que a cantora passou a escutar os discos de Led Zeppelin, Rolling Stones, Pink Floyd, Creedence Clearwater Revival e The Doors. Os tios maternos haviam lhe apresentado o melhor da música brasileira. O tio paterno, o que de mais bacana havia no rock dos anos 1960 e 1970. Ela nunca mais foi a mesma.

Cássia recebia notícias de Wanderson pelas irmãs, que continuavam viajando para Belo Horizonte nas férias de julho. E ele não parava de dar trabalho, a ponto de Altair, pai de Cássia, o segundo mais velho dos irmãos, ser chamado mais de uma vez à capital mineira para apagar os incêndios provocados pelo caçula.

A última notícia fora sua expulsão de casa, após convencer a mãe, dona Geralda, a cultivar uma "planta rara" na horta da família. O pé de maconha cresceu velozmente, sem que ela percebesse. Mas a filha mais velha, Alzira, advogada criminalista, percebeu logo do que se tratava e ateou fogo na horta, para desespero de Wanderson, enxotado sem levar uma muda sequer.

Com 29 anos, o Wanderson que apareceu no Bar Avenida, mais de dez anos depois de ser expulso de casa, continuava o mesmo porra-louca. O segundo Eller a se enveredar pelo meio musical vinha exercendo a função de técnico de som, responsável pela produção de palco da banda mineira 14 Bis. Cultivava, porém, outro talento. Habilidoso com as palavras, sonhava em agenciar grandes artistas da música brasileira.

O tio também decidira morar em São Paulo, onde tinha bons contatos, conquistados graças à facilidade em frequentar qualquer ambiente. Ambicioso e cara de pau, apresentava-se como produtor musical.

Ao contrário da sobrinha, precisou de apenas alguns meses para se enturmar com as pessoas certas, entre elas o empresário Luiz Paulo Lucena, conhecedor dos meandros do mercado fonográfico brasileiro. Os dois fizeram um acordo: Wanderson caçaria novos talentos pela cidade, e os aprovados por Lucena seriam apresentados às grandes gravadoras.

Wanderson sabia quem procurar. O boca a boca chegara a Belo Horizonte meses antes. Próximo do pessoal do Clube da Esquina, ele tinha ouvido de Lô Borges algo sobre uma garota que estava arrebentando no circuito alternativo de Brasília. Não podia ser classificada como roqueira, mas parecia uma cantora punk. No palco, mostrava os peitos, cuspia no chão, falava palavrões e cantava como ninguém. Quase sempre um repertório de canções pouco conhecidas. Seu nome: Cássia Eller.

Ao chegar a São Paulo e iniciar os primeiros contatos, Wanderson já planejava agenciar Cássia. Demorou a encontrá-la. O que aconteceu por acaso, no Bar Avenida, pouco tempo depois de o roadie firmar a parceria com Luiz Paulo Lucena.

Do Avenida, tio e sobrinha partiram juntos para o apartamento de Santo Amaro. Os dois, sem um tostão no bolso, pularam por trás do ônibus. Wanderson queria ouvir Cássia cantar, sem ninguém por perto. "Fiquei assustado, chocado com o que ouvi. Aí ela falou: 'Poxa, você gostou, tio? Me arruma um emprego num boteco aí'. E eu: 'Que boteco o quê, garota! Vou transformar você na maior cantora do país'."[1]

A partir daí, as coisas andaram rapidamente, no ritmo da ambição de Wanderson. Eugenia achou ótimo. Era justamente disso que Cássia necessitava.

Dias depois do encontro no Avenida, Cássia entrava num estúdio em Perdizes, alugado por Lucena. Realizaram o trabalho às pressas. A grana, curta, dava apenas para alguns dias de gravação. No repertório, o mesmo de sempre, Beatles, Arrigo, Itamar, Hermelino, Mário Manga, Nina Simone e Édith Piaf. De novidade, apenas uma música, ensaiada à exaustão no apartamento de Santo Amaro.

Cássia começara a cantá-la após um raro périplo por São Paulo. Eugenia, aflita com a falta de dinheiro, dera um chacoalhão na companheira. Nada de ficar o dia inteiro enfurnada em casa, tocando e fumando a maconha roubada do vizinho. Precisava ser vista. Os amigos da Vanguarda Paulistana se dispunham a ajudar. A primeira saída de casa acabou sendo, na visão dela, uma grande roubada: uma festa no apartamento de Rita Lee.

Em pânico na casa da roqueira, Cássia ficou escondida atrás de Arrigo, pedindo para ir embora. Na mesma noite, se dirigiram para outra festa, esta, sim, de amigos de Cássia, a maioria gente de Brasília. Agora muito à vontade, ela esbarrou com o mesmo sujeito que seis anos antes encontrara na calçada em frente ao bar Beirute. A diferença é que, dessa vez, ela sabia de quem se tratava.

Renato Russo, líder da Legião Urbana, àquela altura estrela máxima do rock brasileiro, também já sabia quem era Cássia Eller. Assistira a algumas de suas apresentações em Brasília, inclusive a de maior sucesso, o musical *Gigolôs*, e havia se encantado com a força da garota como intérprete. Renato disse isso a ela, que, bêbada de cachaça com guaraná e, dessa vez, sem cerimônia, pediu para gravar "Por enquanto", de autoria de Renato e presente no primeiro disco da Legião.

A versão, gravada rapidamente, sem o menor apuro técnico, se tornou o carro-chefe da nova demo gravada por Wanderson. Quando ficou pronta, Luiz Paulo Lucena se reuniu em São

Paulo com outra cobra criada do mercado fonográfico: José Luiz Toledo.

Ex-diretor de marketing da EMI, também muito amigo dos mineiros do Clube da Esquina, Zé Luiz gostou da audição, mas achou que a artista merecia uma gravação menos amadora. O som da demo era sofrível, mal dava para escutar a voz e o violão de Cássia. Lucena assegurou que outra demo seria produzida, agora no estúdio da Som da Gente, gravadora conhecida por lançar discos de grandes nomes da música instrumental brasileira, como Hermeto Pascoal e Heraldo do Monte.

Toledo voltou ao Rio e ligou para Mayrton Bahia, nome forte da EMI, que pouco antes assumira a direção da PolyGram, outra gigante do mercado fonográfico. Contratado para reformular o cast da gravadora, Mayrton queria mostrar serviço. Vinha dispensando medalhões que não davam mais lucro para a companhia e buscava descobrir novos talentos, em geral contratados por valores baixos.

Mayrton se dispôs a ouvir a nova demo de Cássia, afinal, Zé Luiz, ex-empresário de Beto Guedes e Lô Borges, não se empolgava com pouca coisa. Ali deveria haver algo. E havia. Diferente de todos os sons que ouvira até então. Uma cantora com uma pegada roqueira, meio blues, com uma voz grave e potente, que subvertia os arranjos originais das canções, tornando-as ainda melhores.

Era o caso de "Por enquanto", da Legião Urbana, a banda cria da EMI, na época em que a gravadora era comandada por

Mayrton. Numa interpretação avassaladora, Cássia transformou a obscura música da Legião, a última faixa do disco inaugural da banda brasiliense, numa outra canção, muito mais vigorosa. O diretor ligou para Zé Luiz às oito horas da manhã de um sábado. "Que porra é essa, Zé? Segura a moça. Vamos gravar já."

Nesse telefonema, os dois ainda traçaram uma estratégia: Cássia se apresentaria no Mistura Fina, a mesma casa de shows do Rio que lançara Marisa Monte um ano antes. Cássia resistiu. Detestava a ideia de ser apresentada como "a nova Marisa Monte", "a nova Adriana Calcanhotto", cantoras da mesma geração que haviam despontado antes dela. Achava despropositado e cafona.

Zé Luiz insistiu, usando bons argumentos. Ninguém acharia que estaria ali um arremedo de nenhuma das cantoras. Pelo contrário: em cima do palco, onde se sentia mais à vontade, ela tinha grandes chances de mostrar a autenticidade e a originalidade de seu canto.

Jornalistas, músicos, produtores e diretores de outras gravadoras foram chamados para o show único no Mistura Fina. A ideia era criar um frisson, despertar a atenção de concorrentes e, no auge do burburinho, anunciar a ida da artista para a PolyGram.

Cássia estraçalhou. Cantando como nunca, deixou boquiaberta a seleta plateia de convidados. Entre eles, Cazuza, já muito doente, levado pelo amigo e jornalista Ezequiel Neves, igualmente fascinado pela cantora e convidado para dar pitacos no disco de estreia. O planejado vinha dando certo, até o momento em que Mayrton começou a arrumar a papelada de Cássia e descobriu que ela assinara contrato com outra gravadora. E justo com a EMI!

Ninguém se dera conta, mas Cássia ainda estava amarrada contratualmente à SBK Records, selo musical pertencente à EMI. Cansada das investidas de Tavinho Paes e Luiz Carlini, que continuaram insistindo para ela gravar um repertório "mais palatável" e não músicas de Arrigo Barnabé e Mário Manga, Cássia faltara a todas as reuniões com a SBK.

Passado um tempo, Tavinho e Carlini também se cansaram da ausência de interesse por parte da cantora. A SBK não chegou a investir na produção de três discos dela, como se previa, e engavetou o projeto. Cássia não aparecia nas reuniões, por isso nem o distrato pôde ser assinado.

Mayrton e Zé Luiz entraram em desespero. A crítica musical carioca não falava de outro assunto: a expectativa de que o show de estreia de Cássia Eller seria arrebatador. Por sorte, Tavinho Paes partira recentemente para uma temporada em Londres, e Luiz Carlini andava varando noites num estúdio em São Paulo. Nenhum diretor da SBK recebeu convite para o show no Mistura Fina, mas Jorge Davidson, o todo-poderoso diretor artístico da EMI, se encontrava entre os convidados. Não demoraria muito para ele ligar os pontos.

Se Cássia fosse obrigada a lançar os discos pela EMI, a bem-sucedida carreira de empresário-produtor de José Luiz

Toledo chegaria ao fim. Mayrton não o perdoaria. A PolyGram financiara o esquema de divulgação da cantora, incluindo o aluguel caríssimo do Mistura Fina. Na primeira fila, bebendo do uísque pago pela PolyGram, bastaria ao principal executivo da EMI solicitar a Cássia Eller o cumprimento do que ela assinou.

Restou a Zé Luiz apenas uma saída: apelar. Em depoimento ao autor, ele conta:

"Eu tinha trabalhado muitos anos na EMI. Conhecia todo mundo, inclusive o diretor jurídico da gravadora, o Antonio Eboli. Peguei o telefone e liguei para ele. 'Alô, doutor Eboli? Aqui é o Zé Luiz Toledo, como você está? Muito trabalho? Sim, estou bem. Queria pedir uma ajuda. Tô dando uma força para uma jovem cantora, que assinou um contrato com vocês, mas nada foi pra frente. Tá jogado por aí. O nome dela é Cássia Rejane Eller. Ela está de malas prontas para a Europa. O tio dela tem bons contatos por lá, ela vai tentar se arriscar. Mas tem essa história com a EMI. Você libera o contrato dela? Dá essa força, vai. E quando vamos sentar para tomar um cafezinho?'"

O diretor jurídico constatou que se tratava, pelas draconianas cláusulas do contrato, de uma cantora novata. Na gravadora existiam vários documentos assim. Mas, por experiência, Eboli sabia que o mercado fonográfico brasileiro era muito dinâmico. A artista contratada de hoje podia deixar de ser um bom produto no mês seguinte. E, pelo jeito, isso acontecera com a tal de Cássia Rejane Eller, que ele nunca tinha visto na gravadora.

Zé Luiz não quis ir à EMI acompanhar os trâmites burocráticos. Corria o risco de encontrar Jorge Davidson nos corredores, caso o diretor estivesse despachando na sede paulistana, como fazia com regularidade. Por isso mesmo, Cássia também não poderia comparecer pessoalmente para assinar o distrato, e nem precisava. Já assinara uma procuração de plenos poderes, que permitia a Wanderson agir em seu nome em quaisquer situações jurídicas.

Cássia não soube de nada. Primeiro, porque nunca lera um contrato na vida. E também por estar animada demais com as novidades, entre elas a mudança do distante e provinciano bairro paulistano para a cidade onde tudo acontecia, principalmente quando o assunto era música. Adeus, Borba Gato. Cássia estava de malas prontas para o Rio de Janeiro dos ídolos Cazuza e Luiz Melodia.

CAPÍTULO 5

BANHO DE LOJA É O CACETE!

1 POR ENQUANTO

2 MALANDRAGEM

3 O SEG SOL

4 ECT

5 NÓS

6 ELES / M. JACKSON

7 QUEREMOS SABER

COME TOGETHER / SGT PEPPE
TWO OF US

PARTIDO ALTO

DA ESQUINA

11 LUZ DOS OLHOS

12 O MEU POSTO

ENQUANTO ISSO

14 MUITO ESTRANHO

NON, JE NE REGRETTE RIEN

QUANDO A MARÉ ENCHER

Cássia e Eugenia desgrudaram-se pela primeira vez desde o início da relação. A cantora partiu para o Rio com o novo empresário e a servidora voltou para Brasília, decidida a pedir demissão do Tribunal Superior do Trabalho. Eugenia também se mudaria para um apartamento na Barra da Tijuca, alugado por Wanderson. Agora era pra valer. Aos 28 anos, Cássia gravaria o primeiro disco da carreira, e por uma grande gravadora.

A maioria dos diretores da PolyGram não botava fé no sucesso de Cássia. O responsável pelo marketing quase teve um colapso. Uma cantora de MPB com uma pegada roqueira? Quase ninguém mais ouvia rock no país. O sertanejo e o axé music eram os gêneros musicais do momento.

Se até o RPM, banda contratada da gravadora e maior fenômeno do rock brasileiro de todos os tempos (o segundo disco, *Rádio Pirata ao vivo*, de 1986, vendera 3 milhões de cópias e o terceiro, *Quatro coiotes*, gravado dois anos depois, "apenas" 500 mil), andava em baixa, o que dizer de uma intérprete que só cantava músicas que ninguém conhecia?

O diretor comercial estava igualmente incrédulo. Quem é Arrigo Barnabé? De onde vieram Itamar Assumpção, Hermelino Neder, Mário Manga? Vanguarda Paulistana? Que porra é essa? Quem aceitaria tocar músicas desses caras interpretadas por uma cantora também desconhecida? Nem pelo maior jabá — quantia paga por fora para que músicas sejam executadas em rádios e programas de TV — do mundo.

Presente nas reuniões, o produtor Paulo Debétio tentou acalmar os ânimos. Nome forte da gravadora, e com a moral em alta — acabara de produzir o disco *Cowboy do asfalto*, da dupla sertaneja Chitãozinho e Xororó, o maior sucesso da gravadora naquele ano de 1990 —, deixou claro que não havia motivo para pânico. Não era a primeira nem seria a última vez que eles enfrentavam um problema como aquele. Tudo seria facilmente resolvido, desde que a artista aceitasse tomar o banho de loja proposto pela gravadora.

Primeiro, ela deveria se livrar daquelas roupas. Bermuda, camisetão e chinelo? Nem pensar. Ela deveria passar a se vestir adequadamente, como uma artista de uma grande gravadora, e não como um skatista de Brasília. Debétio e companhia não sabiam com quem estavam lidando. A despeito da timidez e do jeitão matuto, Cássia não abria mão de suas convicções, sobretudo quando tentavam transformá-la em outra pessoa.

Wanderson já tinha tentado, sem sucesso, mudar o guarda-roupa da sobrinha. "Ela usava umas calças mamulengas, manchadas, horríveis. Entrei na Yes Brasil e comprei um vestido e um sapato alto."[1] No primeiro show no Rio de Janeiro, no Mistura Fina, Cássia arremessou — com os pés mesmo — os sapatos novos no meio da plateia. O vestido não se foi, mas ficou pela metade após Cássia colocar os peitos para fora.

Debétio sugeriu também que Cássia começasse a pensar num repertório mais popular. Ela poderia começar gravando uma canção de José Augusto, autor de "Evidências", sucesso no país inteiro na voz de Chitãozinho e Xororó. Seria uma novidade no mercado: uma cantora, vinda do rock de Brasília, com uma pegada meio MPB, o vozeirão grave, cantando baladas românticas. E por que não testá-la também interpretando algo mais dançante? Algo do axé music talvez caísse bem.

Cássia não gravou a música de José Augusto nem um fricote do baiano Luiz Caldas, outro artista da PolyGram recém-estourado. No começo dos anos 1990, os diretores artísticos das gravadoras ainda tinham poder de decisão dentro das companhias. Era o caso de Mayrton Bahia, acostumado a lidar com burocratas e oportunistas de todos os tipos.

E Mayrton estava ali para preservar a identidade de Cássia. Se dependesse dele, ela gravaria o que quisesse e do jeito que quisesse, sem ingerência de absolutamente ninguém. Não havia no que mexer. Cássia era uma cantora pronta — e original. Estava ali exatamente por isso, por ser diferente de tudo.

A gravadora que tivesse paciência e apostasse nela a médio e longo prazos. Os sertanejos pagariam as contas mais urgentes.

Seria uma longa e cansativa quebra de braço. Mayrton sabia que a PolyGram faria de tudo para fazer de Cássia um "produto vendável", e que quase sempre essa tentativa de tornar os artistas mais fortes comercialmente dava com os burros n'água. Eles continuavam impopulares e ainda perdiam a identidade.

Cássia era roqueira? Podia até ser, mas não no sentido clássico. Era rock na atitude e na ousadia, mas o descompromisso com fórmulas prontas e o gosto pela música experimental faziam dela uma artista de difícil classificação. Não por acaso ela havia se identificado com os artistas da Vanguarda Paulistana. Cássia nunca escolhia o caminho mais fácil. Disciplinada, obsessiva, preferia ensaiar exaustivamente as múltiplas possibilidades de uma canção, amparada pela força rítmica de sua voz.

Mayrton conhecia a fundo os meandros das grandes gravadoras, que funcionam como qualquer outra empresa. Para ele, aí estava o erro. A obrigação de dar lucro — e rápido — podia fazer sentido numa fábrica de sapatos, mas com música era preciso ter um pouco de sensibilidade. Antes, trabalhando na EMI, outra grande gravadora, Mayrton precisou interferir na última hora para que a casa não perdesse uma mina de ouro.

Renato Russo, líder da Legião Urbana, a mais promissora banda de rock brasiliense, estava decidido a romper o contrato com a EMI, voltar para a capital federal e recomeçar do zero. Tudo por conta da insistência do produtor José Emílio

Rondeau, contratado para produzir os primeiros compactos da banda, para que a Legião gravasse uma versão folk para o rock "Geração Coca-Cola", uma das mais emblemáticas canções do grupo.

Mayrton, diretor de repertório da EMI, entrou em ação, explicou aos burocratas que a Legião nascera de uma banda punk, a Aborto Elétrico, e que não tinha o menor cabimento imaginar Renato Russo com um chapéu de caubói cantando "somos os filhos da revolução, somos burgueses sem religião". Enfim com carta branca, dada por Mayrton, a Legião fez apenas o que queria e se transformou num dos maiores fenômenos do rock brasileiro. E "Geração Coca-Cola", no hino de uma geração.

No fim de 1989, ao ouvir pela primeira vez a fita demo entregue por José Luiz Toledo com músicas de uma tal cantora de Brasília chamada Cássia Eller, Mayrton quase bateu o carro na grade de proteção da ponte Rio-Niterói. Ele aproveitava para ouvir novos artistas no caminho de casa até a sede da gravadora, na Barra Tijuca, e ficou alucinado com a versão de Cássia para "Por enquanto".

Tratava-se de uma canção pouco conhecida da Legião, gravada no primeiro disco. Depois de uma longa introdução de bateria, num tom futurista que durava mais de um minuto, Renato começava a cantar, de um jeito arrastado, sem o menor tesão. Colocada no fim do disco, era conhecida apenas pelos fãs mais devotos. Até virar outra canção na voz de Cássia Eller.

A nova versão, ensaiada por semanas no apartamento de Santo Amaro, em São Paulo, subvertia o arranjo original. Em vez do modorrento som da bateria eletrônica, entraram o violão vigoroso de Cássia e uma espetacular introdução de "I've Got a Feeling", de Lennon e McCartney. Quanto mais ouvia "Por enquanto", mais certeza Mayrton tinha do sucesso da cantora. Era questão de tempo. E aqueles idiotas pensando em pedir socorro para José Augusto?

Mayrton gostou tanto do que ouviu que decidiu preservar a precária gravação original, registrada num estúdio em São Paulo, incluindo-a diretamente no disco, sem qualquer tratamento. Uma prova de que Cássia não precisava de nenhum tipo de perfumaria, muito menos de um banho de loja. Só do imenso e genuíno talento.

As outras canções precisavam ser ensaiadas em estúdio. E, para isso, Cássia precisava ter uma banda fixa, que também a acompanharia na primeira turnê do disco. Em duas semanas, ela fez chegar ao Studio Verde, em Laranjeiras, quatros jovens talentos da música instrumental brasileira, crias do circuito alternativo de jazz da capital federal.

Jorge Helder (baixo), Nelson Faria (guitarra), Zé Marcos (teclado) e Élcio Cáfaro (bateria) conheciam Cássia dos shows no Bom Demais, na Funarte, do Concerto Cabeças. Todos já haviam tocado com ela e eram fãs absolutos dos experimentos sonoros da cantora de rock que amava Nina Simone, Édith Piaf e Arrigo Barnabé.

A PolyGram tentou ajudar, mas já começou atrapalhando. José Luiz Toledo sugeriu — e a gravadora aprovou a ideia — chamar Ezequiel Neves, o jornalista e produtor responsável por lançar a banda Barão Vermelho, para produzir o disco. Se Mayrton estava mesmo decidido a apostar numa cantora de rock, argumentava Toledo, que pelo menos seguisse o manual de sucesso de outros artistas do gênero.

A ideia de Mayrton era justamente não seguir receita alguma. Nenhum dos músicos vindos de Brasília tinha qualquer experiência em estúdio. O produtor, escalado de última hora por Mayrton, também não. Aos 24 anos, Tom Capone, ex-guitarrista das bandas brasilienses Peter Perfeito e Detrito Federal, endeusadas no circuito alternativo, mudara-se para o Rio para apressar o sonho de virar produtor musical. Quando soube que Cássia, sua amiga, estava na cidade para gravar o primeiro LP da carreira, junto com Jorge Helder e Nelson Faria, músicos de sua turma, Capone correu para o Studio Verde. Apresentou-se a Mayrton, contou um pouco de sua história em Brasília e se convidou para ser o produtor do disco.

O diretor artístico da PolyGram viu ali a chance de contar com um produtor jovem, cheio de ideias, muitas delas em sintonia com Cássia. Eram da mesma turma. Capone seria um ótimo contraponto à presença de Ezequiel Neves, que, aos poucos, passou de produtor a figurante.

Aliás, o guru do Barão Vermelho só conseguiu meter o bedelho em uma música do disco, "Barraco", de autoria de

Roberto Frejat. O próprio guitarrista da banda carioca apareceu de surpresa no estúdio, para tocar na faixa de sua autoria. Jorge Helder conta, em depoimento ao autor:

"O Frejat chegou chegando. A gente já tinha ensaiado uma versão para a música dele, dentro da nossa pegada de fugir dos arranjos convencionais. Ele não quis saber, pegou a guitarra e começou a dar aquela pegada Barão. A Cássia adorava Barão, todo mundo gostava, mas a Cássia, por mais que admirasse uma canção, sempre dava um jeito de mudá-la. E, do jeito que o Frejat começou a tocar, a música ficou muito perto da versão original. Criou-se um pequeno mal-estar. Eu disse que não tocaria daquele jeito, que não era a minha. O Capone estava produzindo o primeiro disco da vida dele, mas parecia um veterano. Contornou a situação com classe, explicando que ninguém ali iria impor nada a ninguém, que esse era o espírito do disco, que Frejat podia fazer do jeito que ele queria e a gente também. O que foi uma grande sacada, porque as duas versões, a do Frejat e a nossa, se misturaram e viraram outra. E a Cássia quieta, sentada num banquinho, parecendo um monge budista. Existiam duas Cássias. A Cássia fora do palco, introvertida, completamente para dentro. E a Cássia do palco. Aí o couro comia. Eu já estava acostumado, mas, para quem só conhecia o lado caramujo, podia ser meio assustador."

Que o diga o novo diretor de programação da Rádio Transamérica do Rio de Janeiro, um gaúcho vindo de Porto Alegre, cheio de planos e ideias, chamado por Mayrton Bahia para assistir ao primeiro show da turnê de Cássia na Fundição Progresso, centro cultural sediado na Lapa carioca. Ciceroneado pelo diretor artístico da PolyGram, o radialista estivera dias antes no estúdio de Laranjeiras e se impressionara com o estilo cool da jovem cantora, que lembrava as divas do jazz americano. O minimalismo nos gestos contrastava com a voz poderosa. Uma artista interessante, que poderia casar bem com a nova proposta da Transamérica, de abrir espaços para artistas de veia mais pop, mas com estofo musical.

Sentado na primeira fila, o radialista se desviou da primeira chuva de perdigotos expelidos por Cássia. A acanhada garota do estúdio de Laranjeiras havia se transformado num ser demoníaco, que, além de lançar jatos de cuspe em direção à plateia, agora estava de peito de fora, coçando o saco imaginário.

O radialista da Transamérica voltou para casa decidido a não apostar em Cássia, assim como as outras emissoras cariocas. O trabalho da cantora era ignorado até mesmo pela Rádio Fluminense, conhecida como "A maldita", famosa por abrir espaço para bandas e artistas do circuito alternativo. Também minada economicamente após a derrocada do rock nacional, a Fluminense havia se tornado uma rádio convencional, igual a todas as outras. Tocar "Rubens", de Cássia Eller? Nem pensar.

O diretor comercial da PolyGram convocou uma nova reunião. Contratada por uma multinacional do mercado fonográfico, Cássia não podia continuar se comportando como se estivesse numa temporada de shows num teatro em Brasília, cantando para os amigos. Ela agora era uma artista do mainstream e, portanto, tinha que fazer algumas concessões para entrar no jogo.

Por exemplo: gravar uma música para a trilha da nova novela das oito da TV Globo. Mariozinho Rocha, diretor musical da emissora, devia alguns favores para a PolyGram e aceitou, sem reclamar, a imposição feita pelo diretor comercial da gravadora: colocar a nova artista da companhia cantando "Meu bem, meu mal", a música de Caetano que daria nome ao folhetim escrito por Cassiano Gabus Mendes.

Ser ouvida todos os dias durante seis meses na abertura da novela das oito, a faixa de maior audiência da televisão brasileira, depois do *Jornal Nacional*, era o sonho de qualquer artista iniciante, menos de Cássia Eller. Ela desejava ser ouvida pelas massas, fazer sucesso, mas esse não era o objetivo principal de sua vida, ela queria cantar o que lhe desse na telha — e do jeito que quisesse.

Cássia entrou no estúdio de Laranjeiras com a recomendação de Mariozinho Rocha de fazer algo o mais comercial possível. Uma versão para as donas de casa, sem grandes invenções, que soasse parecida com a versão cantada originalmente por Gal Costa. A voz rouca de Cássia já seria o suficiente para dar um tom de novidade à canção.

Foram três dias de ensaio. No dia da audição, Mayrton precisou conter a ira do diretor comercial da PolyGram, que não acreditava no que estava ouvindo. Cássia havia transformado a singela canção de amor de Caetano num hard rock ensurdecedor, com direito a agudos no estilo Robert Plant, vocalista do Led Zeppelin. Até o jazzístico Nelson Faria, sempre econômico, entrou na onda, solando como Jimi Hendrix.

O diretor comercial jogou a fita da audição no lixo. Não teria coragem de mostrá-la a Mariozinho Rocha, que certamente interpretaria tudo aquilo como uma provocação. E era. Tudo que Cássia menos queria naquele momento era ficar conhecida como a cantora da abertura da novela das oito, um arremedo de Gal Costa. Para se livrar daquele mico, bastava ser ela mesma.

Mayrton Bahia bancou Cássia até o fim. Os diretores comercial e de marketing tentaram interferir em tudo, mas não conseguiram botar o dedo em nada. Nem na capa do disco. Pelo protocolo da gravadora, a estreante deveria aparecer lindamente penteada, maquiada e de preferência sorrindo.

Na capa do disco que chegou às lojas no segundo semestre de 1990, intitulado *Cássia Eller*, via-se uma mulher descabelada, sem batom, cantando de peito aberto, com as veias saltando do pescoço. A Cássia de Brasília estava viva.

CAPÍTULO 6

ELES SÓ QUEREM É GOZAR

COMPOSITORES

ZECA BALEIRO

MORENO VELOSO

DJAVAN

GABRIEL - LIGAR

~~[illegible]~~ ITAMAR

FLÁVIO

NANDO REIS - (2 MÚSICAS P/ ESCOLHER)

BRÁULIO TAVARES

* LIGAR P/ CARLOS RENNÓ

Enxotado da casa dos pais em Belo Horizonte por cultivar uma "planta rara" na horta da mãe, Wanderson agora era dono do próprio quintal. O pequeno agricultor tinha talento. Cinco plantas fêmeas de Cannabis cresceram rapidamente nos fundos da ampla casa de dois andares com piscina no Recreio dos Bandeirantes, alugada pelos sócios da Eller's Produções.

A empresa recém-aberta por Wanderson para gerenciar a carreira de Cássia contava com três parceiros oficiais: a cantora, o tio e Fátima Tassinari, conhecida de Wanderson e funcionária da Caixa Econômica Federal, chamada para cuidar da parte administrativa — principalmente do dinheiro, que não parava de entrar.

A Eller's Produções ainda estava longe de dar lucro, ao contrário dos negócios mantidos no Brasil pelo "representante" de uma fábrica de ecstasy na Holanda. O traficante, fã de Cássia, despejou um caminhão de dinheiro na empresa, e todos acharam ótimo. Montou-se um moderno estúdio numa das salas do primeiro andar, onde cantora e banda passaram a ensaiar o repertório do segundo disco.

Na casa do Recreio trabalhava-se muito e divertia-se ainda mais. Cássia passava o dia na piscina, nadando nua com amigos e amigas, e a noite no estúdio. Um espírito que lembrava muito outra comunidade, igualmente libertária e criativa: a turma dos Novos Baianos.

Duas décadas antes, também ali perto — em um sítio em Jacarepaguá —, Moraes Moreira, Baby Consuelo, Pepeu Gomes, Paulinho Boca de Cantor e Luiz Galvão haviam feito do convívio diário um laboratório de experimentação musical. A única diferença? A fartura financeira.

Os moradores da casa do Recreio pareciam alheios aos acontecimentos recentes do país. Viviam-se os desdobramentos do Plano Collor. O pacote econômico, implementado pela ministra da Fazenda Zélia Cardoso de Mello com o objetivo de controlar a hiperinflação, determinara, entre outras medidas, o bloqueio das cadernetas de poupança com saldo superior a 50 mil cruzados novos.

Havia pouco dinheiro circulando, mas não na casa do Recreio. Wanderson aproveitou e fez mais um pedido ao mecenas, o mesmo que fizera à direção da PolyGram: gravar doze videoclipes de Cássia, um para cada faixa do futuro segundo disco da cantora.

A ideia fazia sentido, se não fosse tão megalomaníaca. A MTV Brasil, canal de entretenimento voltado ao público jovem, havia acabado de entrar no ar. Os videoclipes tinham se tornado uma poderosa fonte de divulgação para os artistas. Mas produzir uma dúzia deles? Nem Michael Jackson, o mais midiático dos artistas, tinha tantos videoclipes gravados.

O mecenas se dispôs a ajudar. Mayrton Bahia foi chamado para uma reunião na casa do Recreio. E se enfureceu com a ingenuidade dos três sócios. Uma coisa era pagar as despesas da mansão com a grana do traficante, outra era financiar uma série de videoclipes com dinheiro sujo. Eles estavam loucos?

O diretor artístico conseguiu convencer a PolyGram a investir 35 mil dólares, em troca de uma mudança no contrato de Cássia. A partir dali ela passaria a dever cinco discos para a gravadora, e não mais três.

Filmados em película de 35 milímetros, os videoclipes seriam dirigidos pelo experiente cineasta Luiz Carlos Lacerda, o Bigode. O diretor deixou claro que o investimento da gravadora não cobria nem metade do orçamento. Isso não era um problema, explicou Wanderson. A Eller's Produções cobriria todos os gastos adicionais, mas Mayrton Bahia não podia saber disso.

Os clipes foram gravados na Fundição Progresso, no Rio, um registro de Cássia muito perto da maturidade musical. E feliz. De novo, ela cantou o que quis. E tome Paulo Barnabé, irmão de Arrigo ("Teu bem"), Itamar Assumpção ("Sonhei que viajava com você"), Mário Manga ("Aquele grandão"), Luiz Melodia ("Sensações") e Hermelino Neder, seu parceiro, ao lado de Luiz Pinheiro e Zé Marcos, em "O marginal", que viria a se tornar a faixa-título.

Mayrton Bahia acompanhou parte das gravações. Chegava sempre no final, em plena madrugada, exausto pelas horas de convivência com o mais idiossincrático dos artistas brasileiros: João Gilberto. Mayrton conta, em depoimento ao autor:

"Eu estava produzindo o novo disco de João, que leva o nome dele [lançado em 1991]. O que tem 'Sampa', de Caetano [Veloso]. O cara era maluco. Mas um gênio, né? Era cansativo trabalhar com ele, mas ao mesmo tempo uma experiência maravilhosa, única. Quando encerrava o trabalho no estúdio com o João, eu partia direto para a Fundição Progresso. Um dia, o João quis ir junto. A gente chegou, e foi aquele silêncio. João Gilberto? Como assim? A Cássia quis morrer. Mas ele ficou na dele. Sentado no fundo, calado. E eu do lado. No dia seguinte, ele quis ir de novo. E nos outros dias também. Pediu maconha para os músicos, foi se soltando. Mas não deu canja, não tocou nada. Queria ficar como ouvinte. Ele adorou a voz da Cássia e o repertório. Achou diferente, corajoso. Eu me lembro de ter comentado que queria colocar na contracapa do disco a Cássia chutando um balde. E ele: 'Faz todo sentido, Bahia. Ela chuta as coisas mesmo'."

Os clipes não foram ao ar. A maioria deles nem ficou pronta. Lacerda reclamou que não estava recebendo a grana combinada e pulou fora. Cássia também se cansou de passar o dia se produzindo, vestindo figurinos diferentes, de acordo com o tema de cada clipe.

Os vídeos eram um delírio saído da cabeça de Bigode. Os roteiros não tinham pé nem cabeça. Logo de cara, no primeiro dia de gravação, Cássia e equipe foram levados a um aterro sanitário. A cantora precisou passar duas horas no meio do lixão, chutando latas e urubus. Eugenia quase a proibiu de dormir em casa.

Nada parecido com o desconforto sentido na gravação do dia seguinte. Cássia foi colocada dentro do elevador do prédio dos Correios, na região central do Rio. Dentro, apenas ela e seis anões. Ela precisava lutar contra eles, dando socos de verdade. Não conseguiu.

Também não conseguiu simular um beijo na boca de Eduardo Moscovis. Em início de carreira, o ator interpretou o cliente de um prostíbulo da Lapa, em mais um clipe felliniano dirigido por Bigode. Quem era a prostituta? Cássia, que, por falta de aptidão, precisou ser substituída na última hora por uma atriz profissional, contentando-se com o papel de uma das cantoras do cabaré.

O misterioso mecenas, que durou um bom tempo e pagava as despesas da casa do Recreio, já não estava tão presente. Havia decidido manter distância depois do episódio que resultou na ida de Cássia e dos demais moradores e frequentadores para a delegacia mais próxima. Tudo por conta de um entediado general de reserva que, na falta do que fazer, havia decidido vigiar diariamente o entre e sai na casa em frente à sua.

Todos pareciam suspeitos. Homens e mulheres. Chegavam em turma no começo da noite e só saíam pela manhã. De vez em quando, apareciam crianças também. Paranoico, o general entregou uma missão a seu jardineiro: que se oferecesse para fazer um bico na casa do vizinho. A ordem: ficar de olho em tudo.

Terminado o serviço, o jardineiro-espião voltou à casa do general e contou o que viu. Mulheres e homens nadavam nus na piscina! Alguns pareciam drogados! Havia crianças na casa! Nas mãos do funcionário, a prova do crime: uma folha de maconha, recolhida durante o serviço. Havia um pé inteiro lá. Um, não. Vários!

O general tirou o pijama e o carro da garagem e foi até a delegacia mais próxima. Contou tudo ao delegado, que armou uma operação de guerra para o dia seguinte. Numa manhã do Rio de Janeiro, agentes da polícia civil entraram na casa do Recreio sem mandado. Nem precisavam de um. Tratava-se de um flagrante.

Um dos policiais tinha arrancado um pé de maconha que havia passado para o outro lado do muro — bastou puxá-lo. Acordada pelo barulho, Cássia chegou à sala no momento em que um dos policiais havia jogado no chão as cinco plantas fêmeas de Cannabis removidas do quintal. A quantidade era suficiente para que todos ali fossem acusados de tráfico de entorpecentes, formação de quadrilha e aliciamento de menores. Apenas em 2024, o Supremo Tribunal Federal estipulou em seis plantas fêmeas o limite para distinguir o porte de maconha para uso pessoal do tráfico de drogas.

Foram todos para a delegacia. O delegado titular não fez cerimônia: exigiu o pagamento de 50 mil dólares para liberar todo mundo. E a grana tinha que chegar rápido, antes da mudança de plantão. Caso contrário, todos seriam fichados, e o inquérito, aberto. Mayrton Bahia foi acionado, mas deixou claro que não poderia ajudar.

Se fosse um artista do primeiro time da gravadora, talvez valesse o esforço financeiro. Mas o primeiro disco de Cássia havia vendido pouco, apenas 7 mil cópias. A PolyGram já havia adiantado 35 mil dólares para a produção dos videoclipes, que não estavam prontos e tudo indicava que nem seriam finalizados. Ou seja, a gravadora não ajudaria com nem um tostão a mais.

Cássia ficou nervosa com a chantagem do delegado e começou a discutir com ele. O clima ficou pesado quando uma assessora da PolyGram resolveu dar um Lexotan para a cantora, na esperança de acalmá-la. Decisão que só piorou as coisas. Eugenia conta, em depoimento ao autor:

"Quando a polícia chegou na casa, de manhãzinha, a galera tinha acabado de ir pra cama. Todo mundo virado, de cara cheia. O Lexotan só deixou a Cássia ainda mais louca. Ela foi pra cima do delegado, que ameaçou dar voz de prisão. Eu fiquei puta com a assessora. 'Menina, como você enfia um Lexotan na boca da Cássia sem me avisar?' Foi uma fase muito doida. Todo mundo muito louco de pó. Eu cheirava bastante também, mas sabia a hora de colocar o pé no freio. A Cássia e o Wanderson, não. E era uma época em que não faltava grana. O cara que vendia ecstasy tinha paixão pela Cássia. E a gente achava o máximo. Era todo mundo muito jovem, não imaginava que podia dar rolo. E não deu. Essa ligação com o traficante nunca foi descoberta. E nem era pra ser. Porque, apesar de ajudar, ele não misturava as coisas. Nunca usou a casa do Recreio para seus negócios. Tanto que a polícia não encontrou nada. A gente acabou quase se ferrando por causa dos pés de maconha do Wanderson, que ele chegou a jurar pro delegado que se tratava de uma plantação de mandioca. Não colou, né?"

José Luiz Toledo entrou em ação. O produtor, espécie de faz-tudo do staff de Cássia, resolveu mais um perrengue. Casado com uma das maiores flautistas do país, a também professora Andrea Ernest Dias, Toledo fez um apelo à esposa. Ela tinha de entrar em contato o mais rápido possível com um de seus alunos, que não teria como negar um pedido da professora que lhe ensinara a tocar as primeiras notas de "Asa branca".

O aplicado aluno era ninguém menos que Nilo Batista, homem forte do governo Leonel Brizola, que acumulava o cargo de vice-governador do Rio de Janeiro com o de secretário da Justiça e da Polícia Civil. Andrea aceitou ajudar. Tinha carinho por Cássia e pela maioria dos músicos que estavam na delegacia. No ano anterior, havia passado dias agradabilíssimos com eles ao gravar sua participação no disco de estreia de Cássia, na faixa "Lullaby".

Como não conseguiu falar com o vice-governador por telefone, Andrea resolveu ir pessoalmente ao Palácio Guanabara, em Laranjeiras. A secretária de Batista ouviu a história da flautista, considerou tudo aquilo um problema menor e decidiu não incomodar o chefe. Andrea não arredou o pé do palácio e, na primeira chance, ao avistar o secretário de Justiça saindo de uma reunião, gritou:

— Nilo! Nilo! Nilo!

Em dez minutos, o delegado de plantão recebeu a ligação de seu superior. A ordem era liberar imediatamente Cássia e todos os moradores e frequentadores da casa do Recreio. Cara de pau, Wanderson ainda perguntou ao delegado se a carga apreendida — os pés de maconha — também estava liberada. Não estava.

Cássia começou a se incomodar com os arroubos de grandeza de Wanderson. Antes mesmo do início das gravações de *O marginal*, seu segundo disco, lançado em 1992, o empresário a convenceu a gravar um álbum em parceria com o guitarrista Victor Biglione, argentino criado no Rio, um dos maiores nomes da música instrumental.

Biglione estava disposto a colocar em prática um projeto antigo: gravar um disco de releituras de clássicos do blues e do rock com uma cantora brasileira. Primeiro, pensou em Angela Ro Ro, que não topou. Depois, em Rosana — ela também não podia. Ligya Alcantarino, uma amiga, sugeriu o nome de Cássia. Recém-chegado de Los Angeles, Biglione não a conhecia.

Ligya colocou para tocar "Por enquanto", com Cássia arrasando na introdução blueseira de "I've Got a Feeling", dos Beatles. Biglione, impressionado, pediu um encontro. José Luiz Toledo falou com Wanderson, que falou com Cássia, que não gostou muito da ideia. Ela conhecia e admirava o trabalho de Biglione, mas não o conhecia pessoalmente. Para Cássia, as relações de trabalho tinham que ser construídas, de preferência, junto com as amizades. Era preciso criar intimidade, uma relação de afeto para que ela se sentisse mais segura e mais à vontade. Uma prova disso está na ficha técnica do primeiro disco: a cantora queria a galera de Brasília gravando com ela, não as vedetes do mercado fonográfico carioca.

Wanderson insistiu. O que Biglione estava propondo não era pouca coisa. Uma chance de gravar com um dos maiores guitarristas de blues do mundo, num estúdio de ponta e com outros grandes instrumentistas. Só o naipe de metais escalado por Biglione era de cair o queixo: Zé Nogueira (sax soprano), Zé Carlos Ramos, o Bigorna (sax alto), Chico Sá (sax tenor), Bidinho (trompete) e Serginho Trombone (trombone).

Cássia não teve como dizer não, embora quisesse. Convencida por Wanderson, ela chegou ao encontro marcado com Biglione usando bermuda, camiseta surrada e chinelos. O tio achou o fim da picada, mas o guitarrista adorou. "Gostei que ela não tinha *physique du rôle* nem atitude de cantora fodona. Chegou super na dela."[1]

Os dois conversaram. Cássia, cabisbaixa, não se comprometeu com nada, e um ensaio foi marcado. Wanderson avisou Mayrton Bahia. Se ele queria pistas de como seria o segundo disco da cantora, uma prévia seria dada na tarde do dia seguinte. Ao entrar no estúdio, o executivo da PolyGram não acreditou no que viu — e ouviu.

Cássia e Biglione pareciam tocar juntos há muitos anos. Tudo funcionava. A voz potente e rasgada de Cássia com os fraseados jazzísticos de um virtuose do instrumento. O repertório também ajudou — clássicos de Muddy Waters ("I'm Your Hoochie Coochie Man"), Willie Dixon ("I Ain't Superstitious"), Beatles ("Got to Get You Into My Life") e Jimi Hendrix ("If Six Was Nine").

O entrosamento rendeu vinte shows, com temporadas de grande sucesso no Jazzmania e no Circo Voador, no Rio, uma apresentação antológica no Jazz Festival, em São Paulo, e um disco ao vivo, *Cássia Eller e Victor Biglione in blues*. A ideia era lançá-lo após as gravações de *O marginal*. Três discos em menos de dois anos? As coisas estavam acontecendo muito rapidamente. Uma ótima notícia para a Eller's Produções, mas nem tanto para Cássia.

Foi ela quem decidiu colocar o pé no freio. Victor Biglione era um músico incrível, os vintes shows haviam sido ótimos, mas em algum momento a relação desandou. Por culpa de Cássia. "Tinha dois dias pra gravar a voz e tomei um ácido, fiquei doidaça lá dentro, muito louca, irresponsabilidade total. Não ficou bom."[2] Doidona, ela não se reconheceu como cantora em algumas faixas. Em outras, incomodou-se com os excessos de solo do virtuoso.

Cássia preferiu concentrar as energias na gravação do segundo disco, esse, sim, um projeto verdadeiramente autoral. E comprou uma briga feia com Biglione, Wanderson e a gravadora, que ficou de vilã na história. "Eu [Biglione] estava muito triste porque nós tínhamos recebido a notícia de que o disco não ia ser lançado, porque ele poderia deixá-la estigmatizada como cantora de rock. E aí cerquei a Cássia um dia, no pátio da PolyGram, para que a gente se juntasse e fizesse uma pressão pelo lançamento, mas ela disse que não queria atrito com a gravadora. Não sei por qual razão, não queria que ele fosse lançado. A gente chegou a insistir muito, até um ponto em que o empresário disse que ela estava começando a ficar irritada. Aí nós desistimos."[3]

Mayrton Bahia desmente a declaração dada por Biglione em 2022, ano em que a Universal Music (que detém o catálogo da PolyGram) decidiu lançar, trinta anos depois, o álbum *Cássia Eller e Victor Biglione in blues*. "Eu era o diretor artístico da gravadora, queria muito que o disco fosse lançado. Conta-se uma história de que a gravadora não queria. Não é essa a história. Houve um desentendimento entre a Cássia e o Victor, não sei exatamente no que eles divergiram, mas divergiram. E por causa disso o disco não saiu."[4]

O repertório de *O marginal* estava pronto, todo ensaiado na casa do Recreio. A banda era praticamente a mesma, com apenas uma novidade. O baixista Jorge Helder havia recebido um convite para tocar com Maria Bethânia, mas não foi difícil achar um substituto para ele.

Cássia estava de olho em Tavinho Fialho desde os 19 anos, quando ouvia sem parar o disco *Clara Crocodilo*, de Arrigo Barnabé. Mas não estava encantada apenas pelo talento do

Tinha dois dias pra gravar a voz e tomei um ácido, fiquei doidaça lá dentro, muito louca, irresponsabilidade total. Não ficou bom.

contrabaixista. Nas duas vezes que o vira tocar, uma em Brasília e a outra em São Paulo, se sentira atraída pelo músico.

Pensou em trazê-lo para o Rio ao começar a formar a banda para a gravação do primeiro disco, mas descobriu que ele já estava na cidade, tocando com Caetano. Tavinho não teria tempo para conciliar a gravação de mais um disco, mas dava um pulo no estúdio da casa do Recreio sempre que podia.

A sintonia com Tavinho foi tamanha que Cássia se sentiu segura até para compor, algo raro para uma autora bissexta como ela. Junto com Luiz Pinheiro, os dois compuseram o reggae "Eles", gravado no segundo disco.

A letra já sinalizava o que estava por vir:

> Eles só querem é gozar
> E que os deixem a sós
>
> [...]
>
> Eles só querem é amar
> E que os deixem em paz

Com a saída de Jorge Helder, Cássia pensou novamente em Tavinho, que dessa vez estava livre. No dia seguinte à formalização do convite, ele já estava no estúdio da casa do Recreio. Os dois se atracaram durante os ensaios e, no fim dos trabalhos, no meio da madrugada, nadaram nus na piscina da casa.

Nada mais que uns amassos. "Sexo, mesmo, só rolou no final. Ele era casado."[5]

Em entrevista à revista *Bundas*, de Ziraldo, em 2000, Cássia confessou que não era muito de passar vontade quando o assunto era desejo. E que isso não significou um entrave para a relação entre ela e Eugenia:

— Eu sou meio galinha. Meio só. Quando estou a fim de alguém, vou lá e como, entendeu?

— E a Eugenia encara isso numa boa?

— A princípio, eu minto.

— E como vai ser quando ela ler essa entrevista?

— Não, ela sabe. "Você trepou com fulano!" "Não... eu? Nunca!", mas a gente acaba conversando sobre isso, não tem jeito. Não me imagino sem Eugenia. Ela diz a mesma coisa.

O flerte com Tavinho ajudou Cássia a se tornar menos insegura nos relacionamentos com homens. "Eu tinha esse complexo de parecer com homem. Quando percebi que o Tavinho estava a fim de mim, fiquei metida pra caramba, mais delicada."[6] Os dois transaram em Salvador, no dia 10 de dezembro de 1992, durante os festejos pelos 30 anos de Cássia.

Depois dessa noite, combinaram que seria só aquela vez e que a partir dali não rolaria mais nada. Ambos desejavam preservar as respectivas relações. Pai de dois filhos, Tavinho não contou nada à mulher. Diferentemente de Eugenia, ela com certeza exigiria a saída imediata do baixista da banda. Adeus disco com Cássia.

Tudo parecia se ajustar até Eugenia perceber que a companheira andava diferente. Com seios maiores, por exemplo. "Fui apertando, questionando, perguntando. Até que um dia ela chegou para mim e disse que estava preocupada, porque tinha trepado e a menstruação atrasara."[7]

Cássia estava grávida. Ao descobrir, tomou a decisão de ter o filho. Eugenia apoiou. Tavinho, não, mas a cantora deixou claro que elas criariam o bebê e, se o baixista preferia assim, ninguém jamais saberia quem era o pai, com exceção dos músicos da banda, que também foram comunicados.

A maternidade apressou a decisão de Cássia de dar uma guinada radical na vida e na carreira. Adeus casa no Recreio, adeus tio empresário, adeus Eller's Produções, adeus mecenas, adeus reuniões com a gravadora, adeus cocaína (pelo menos por um tempo), adeus pé de maconha, adeus cachaça com guaraná, adeus shows, adeus todo mundo.

Cássia estava pronta para chutar o balde. Na contracapa do disco *O marginal*, ela mandava um para bem longe, para alegria de João Gilberto.

Eu tinha esse complexo de parecer com homem. **Quando percebi que o Tavinho estava a fim de mim, fiquei metida pra caramba, mais delicada.**

CAPÍTULO 7

SOU MINHA, SÓ MINHA

1 - LANTERNA DOS AFOGADOS —
2 - NA CADÊNCIA DO SAMBA —
3 - MALANDRAGEM — balada
4 - 1º DE JULHO —
5 - METRÔ LINHA 743 —
6 - PÉTALA —
7 - MÚSICA URBANA —
8 - S~~XXX~~ O MORRO NÃO ENGANA —
9 - ~~RUMBA DE JACAREPAGUÁ~~
10 - BLUES DO INICIANTE —
11 - VOU TIRAR VOCÊ DO DICIONÁRIO —
12 - A ILHA —
13 - CARIMBA POSTAIS —
14 - ~~QUASE UM~~ SEGUNDO —
15 - WDO REAL
16 - NOTÍCIA
17 - FEIRA MODERNA
18 - GIULIETTA MASINA
19 - NÃO HÁ CABEÇA
20 - PARA, CHEGA, BASTA
21 - SELVAGEM
22 - IMAGINAÇÃO

1 CADÊNCIA
2 MALANDRAGEM
3 METRÔ
4 PÉTALA
5 URBANA
6 BLUES INICIAN
7 AFOGADOS
8 CEL ANTÔNIO
9 CARIMBA POST.
10 OTIS REDDING
11 1º DE JULHO

* [illegible] - [illegible]

* OTIS REDDING APRENDER PRA 2ª, TÁ?

2ª
LIMEIRA
TIM MAIA

Cássia estava de empresário novo. E deixou bem claro: não faria absolutamente nada até o filho nascer. Cantar? Só em casa, e olhe lá. Curtiria a gravidez. Ela não estava para absolutamente ninguém. Rafael Borges, ex-empresário da Legião Urbana, indicado por Mayrton Bahia para trabalhar com a cantora, respeitou a decisão da nova cliente, descumprindo a regra apenas uma vez. Cássia precisava ouvir a música que Renato Russo havia feito exclusivamente para ela.

Cássia não teve coragem de ir ao encontro com Renato. Entraria em pânico, como sempre. Toda vez que se postava diante de um alguém que admirava muito, empurrada por amigos ou empresários, o vexame estava garantido. A boca ficava seca, as palavras não saíam e a cabeça permanecia abaixada. Havia sido assim nas apresentações a Arrigo Barnabé, Rita Lee e, mais recentemente, Caetano Veloso.

Alguém achou que seria uma boa ideia Cássia, grávida de primeira viagem, comparecer à festa de um ano de Zeca Veloso, filho de Caetano com Paula Lavigne. Durante a comemoração, a contragosto, Cássia foi apresentada aos pais do aniversariante. O cantor baiano a encheu de elogios, piorando ainda mais as coisas. Ela quis morrer.

Cássia e Renato já tinham se encontrado algumas vezes, a primeira em Brasília e depois numa festa em São Paulo, quando ela, bêbada, criou coragem e pediu para gravar "Por enquanto". O tempo passou, e a admiração pelo líder da Legião Urbana só aumentou. Nem um novo pileque, ainda mais forte, faria Cássia repetir o gesto de antes.

"Eu nunca pediria uma canção pra ele. Morro de vergonha. O Renato é muito exigente e gosta de conversar sobre livros e filmes. Prefiro brincar a falar sério. Eu o admiro muito, mas não consigo conversar com ele. A minha geração não teve muitos ídolos. O Renato era um deles. Pra mim, estava no mesmo patamar de Lupicínio Rodrigues e Noel Rosa. Era apaixonada por ele."[1]

A canção que Renato havia composto exclusivamente para ela gravar começou a nascer junto com a amizade do cantor com Tavinho Fialho. Durante a gravidez de Cássia, Rafael Borges achou que seria melhor que o baixista se mantivesse afastado do convívio diário com a banda e com a cantora, participando apenas das gravações em estúdio e dos shows mais importantes.

Eu nunca pediria uma canção pra ele. Morro de vergonha. O Renato é muito exigente e gosta de conversar sobre livros e filmes. Prefiro brincar a falar sério. Eu o admiro muito, mas não consigo conversar com ele.

A minha geração não teve muitos ídolos. O Renato era um deles.

Indicado por Borges, Tavinho passou a tocar na turnê nacional do disco *V* da Legião Urbana. Vivendo um drama, a gravidez não planejada de Cássia, Fialho temia pelo fim de seu casamento e pelo afastamento dos dois filhos pequenos. Renato, sensibilizado, tornou-se um ombro amigo, mas não teve muito tempo para dar conselhos.

No dia 22 de agosto de 1993, durante a viagem até a fazenda dos sogros, em Unaí, interior de Minas Gerais, Tavinho bateu violentamente o carro e morreu na hora. A tragédia abalou profundamente Cássia, apressando o parto. O bebê nasceu no oitavo mês de gestação, no fim da tarde do dia 28 de agosto de 1993, seis dias após o falecimento do pai.

Nanci, a avó, que depois da separação de Altair havia se formado em enfermagem e, enfim, se tornado independente financeiramente, acompanhou a cesariana. E ficou feliz por Francisco Ribeiro Eller ser o primeiro — e o único — dos netos a ter seu nome de solteira.

O nome do rebento era uma homenagem da cantora a uma das mais belas canções de Milton Nascimento, a instrumental "Francisco", gravada em 1977 e ouvida à exaustão por Cássia. A então adolescente deslumbrou-se com os improvisos vocais de Milton, uma força da natureza. Cássia também era — o que ficou claro na sua magistral interpretação de "Francisco", gravada naquele mesmo ano de 1993, durante participação especial no disco do guitarrista Nelson Faria. Com a morte de Tavinho, Renato Russo resolveu dedicar o novo disco da

Legião Urbana, *O descobrimento do Brasil*, ao baixista. E compôs outra canção-homenagem ao amigo, "Love in the Afternoon":

> É tão estranho, os bons morrem jovens
> Assim parece ser quando me lembro de você
> Que acabou indo embora, cedo demais
>
> Quando eu lhe dizia: me apaixono todo dia
> E é sempre a pessoa errada
> Você sorriu e disse: eu gosto de você também

A outra canção-homenagem, "1º de julho", já estava pronta fazia tempo, e, com a morte de Tavinho, Renato fez questão que Cássia a gravasse. Nada mais natural. A canção era para ela, sobre ela e também um pouco sobre ele. "Cássia tem alma de roqueira e representa inteligência e liberdade para o rock nacional. Escrevi essa música como se estivesse escrevendo para a Janis Joplin."[2]

Renato havia batizado a música numa referência a uma data histórica: julho de 1969, mês da Rebelião de Stonewall, como ficou conhecida a série de protestos realizados por membros da comunidade LGBT em Nova York. Uma canção sobre o direito de ditar o próprio caminho, a própria história, de fazer valer o coração.

Cássia estava decidida a ter o filho e criá-lo com a mulher de sua vida. Renato estava decidido a sair, enfim, do armário e assumir a bissexualidade. "Eu estava precisando me assumir havia muito tempo. Mas fica aquela coisa, filho de católico, você é 'doente' etc. Sei que sou assim desde os 3, 4 anos."[3]

O vocalista da Legião só gravou a canção dois anos depois de Cássia, no disco *Tempestade*, lançado em 1996. O bicho, a fera, o anjo, a mulher eram Cássia — e também Renato:

> Sou fera, sou bicho, sou anjo e sou mulher
> Sou minha mãe e minha filha
> Minha irmã, minha menina
> Mas sou minha, só minha e não de quem quiser
> Sou Deus, tua deusa, meu amor

Cássia curtiu muito a maternidade. Se pudesse, teria um caminhão de filhos. Todos com Eugenia, a melhor de todas as mães. "Se eu ou a Eugenia fosse homem, a gente já estava com mais de dez filhos."[4]

Para a cantora, o grande barato de Chicão era ter duas mães:

"Você pergunta pra ele se ele é feliz assim, se ele gosta do fato de ter duas mães. Ele ama, ele enche a boca pra falar, quando a gente sai com ele, assim, nós três, ou vai pra uma festa dos amigos dele, ou então lá na escola, ele apresenta a gente assim: 'Minhas mães'. Ele apresenta pras professoras, para os pais dos colegas dele, fala assim com a boca cheia de orgulho. Sabe, eu quase choro quando vejo um trem desses. O menino não tem o menor problema, sabe? Porque a gente é

Se eu ou a Eugenia
fosse homem,
a gente já estava com
mais de dez filhos.

feliz, a gente passa a verdade nossa pra ele, entendeu? O que a gente vive, a gente passa pra ele. A gente não esconde as coisas dele, a gente explica que rola um preconceito e tal, que isso não é comum, mas que isso não vai prejudicar em nada na vida dele porque a gente ama muito ele e tal. A Eugenia fala muito com ele também. É ótimo, a gente tem uma vida muito legal, a família é do caralho."[5]

Decidida a não fazer shows durante a gravidez e também nos primeiros meses de vida de Chicão, Cássia voltou aos tempos de dureza absoluta. Como a cantora não tinha plano de saúde, Rafael Borges precisou convencer a PolyGram a bancar o parto numa clínica particular. A gravadora aceitou, mas deixou claro que as despesas seriam descontadas na venda do terceiro disco, que seria gravado no estúdio Nas Nuvens, em abril de 1994.

Quando Chicão completou cinco meses, Cássia voltou aos palcos e ao trabalho no estúdio. Eugenia segurou a barra, alimentando-o com leite em pó. A companheira estimulou a cantora a dizer não quando peitou a gravadora e o empresário, decidida a parar com tudo, e também a dizer sim quando já era o momento de voltar à ativa. "Em todas as decisões que a Cássia tomou na vida, ela contou comigo. Ela era uma cagona, tinha medo das pessoas, medo de dizer não, medo de dizer sim."[6]

Cássia reconhecia a importância de Eugenia na sua vida — nada, absolutamente nada, seria capaz de separá-las:

"De vez em quando rola histórias de uma namorar com outra, de outra namorar com uma, mas a gente não quer se separar de

O menino não tem o menor problema, sabe? Porque a gente é feliz, a gente passa a verdade nossa pra ele, entendeu? A gente não esconde as coisas dele, a gente explica que rola um preconceito e tal. É ótimo, a gente tem uma vida muito legal, a família é do caralho.

jeito nenhum. A gente sabe que a gente se ama loucamente e que eu nunca mais vou achar isso com ninguém, essa cumplicidade que eu tenho com a Eugenia. Eu não vou encontrar isso com ninguém, por mais apaixonada que eu fique. E eu sinto uma falta danada dela quando eu não estou com ela. Tava namorando aí com uma menina, tava completamente apaixonada, mas aí, quando eu chegava em casa, e a Eugenia não tava, também tava namorando outra menina, eu sentia uma falta da porra dela. Aí ela chegava, ficava tudo lindo. Não é ciúmes nem nada, é uma falta. E a gente conversa muito, eu e a Eugenia. A gente, além de tudo, é amiga pra caralho. Ela é especialíssima, ela não existe, ela é muito legal, a porra, ela é foda."[7]

Havia Eugenia, a companheira de todas as horas, mas, em compensação, não havia mais Mayrton Bahia. O diretor artístico deixara a PolyGram após a saída do presidente José Luiz Pantano e a entrada de Marcos Maynard. Ex-executivo da CBS (atual Sony Music), Maynard chegou mudando tudo. Max Pierre entrou na direção artística, e o produtor Guto Graça Mello recebeu a missão de tornar o trabalho de Cássia mais palatável, depois do fraco desempenho dos dois primeiros discos.

Cássia conhecia esse tipo de conversa. Toda vez que vinham com essa história de que ela precisava ter "uma pegada mais pop", o papo terminava com alguém empurrando canções que ela jamais gravaria. Na primeira reunião para conversar sobre o terceiro disco de Cássia, o tempo fechou na sala de Marcos Maynard.

A conversa começou com o presidente da PolyGram cantando um trecho de uma canção que ele tinha certeza de que ficaria ótima na voz de Cássia: "Try a Little Tenderness", gravada por Otis Redding. Cássia não gostou da atitude de Maynard, e as coisas pioraram quando ele sugeriu que a cantora esquecesse que Arrigo Barnabé e Itamar Assumpção existiam. Estava expressamente proibida de gravar compositores que ninguém conhecia.

Cássia reagiu, xingando o presidente da gravadora, que ameaçou rescindir seu contrato. A cantora saiu da sala disposta a nunca mais pisar na PolyGram. Do lado de fora, chorando, foi acolhida por Guto Graça Mello, que, tempos depois, relembrou o arranca-rabo:

"Me chamaram para produzir a Cássia, e eu fui lá sem ter o repertório, eu fui com ela na reunião sem saber o repertório dela. Ela tomou uma esculhambação do Maynard, e eu ali do lado de gaiato, porque eu não conhecia o repertório nem nada. Aí ela começou a chorar e disse que iria embora. 'Não fico mais nesta companhia.'"[8]

Graça Mello contornou a situação sugerindo um pacto com a cantora. "Chamei ela para uma conversa. 'Cássia, posso te propor uma coisa? Eu tenho um estúdio em casa. Vamos fazer um disco escondido do Maynard, da gravadora? A gente começa a falar com os amigos para dar música, grava no meu estúdio, não conta para ninguém, quando estiver pronto a gente mostra.'"[9]

Os amigos e amigos dos amigos foram solidários. Uma das primeiras a dar as caras no estúdio foi Marisa Monte, levada por Graça Mello. No apartamento de Cássia e Eugenia, na Rua Nascimento Silva, em Ipanema, onde havia morado Tom Jobim (e que também passou a ser o endereço de Renato Russo), não se ouvia outra coisa: o disco *Verde, anil, amarelo, cor-de-rosa e carvão*, o segundo disco de estúdio de Marisa, lançado em julho de 1994.

Havia outro grande fã de Marisa no apartamento da Nascimento Silva. Um ouvinte atento e exigente. "Chicão adorava aquelas músicas e um dia disse para a mãe que achava que ela cantava gritando muito e que gostava mais da Marisa. Não sei se isso a influenciou ou o fato de que ela teve que ninar o filho e, por isso, cantar de forma mais suave",[10] lembrou Eugenia.

Marisa não sugeriu a Cássia que cantasse de maneira mais suave — amava a originalidade e a força de sua voz —, e sim que deixasse um pouco as panelas musicais de lado e passasse a convidar músicos de diversas turmas e estilos. Ela não perderia a identidade como cantora e talvez tornasse o disco naturalmente mais eclético e popular, como desejava a gravadora. "Segui a sugestão da Marisa Monte: chamei músicos diferentes para enriquecer cada faixa; achei legal o toque dela."[11]

Longe das cobranças de Marcos Maynard, acolhida pelo seu produtor e pelos compositores e músicos que não paravam de chegar ao estúdio de Graça Mello, Cássia enfim se acalmou e passou a seguir as dicas de Marisa e do filho Chicão. "Eu misturei tudo nesse disco. Tem música brasileira, um pouco de blues. Eu sou meia desesperada pra cantar, 'entorno' tudo, mas, nesse disco, minha voz está mais relaxada."[12]

A banda se formou durante as gravações. Como de costume nos trabalhos de Cássia, uma seleção de grandes músicos brasileiros: Cesinha na bateria, Fernando Nunes no baixo, Márcio Lomiranda nos teclados e dois dos maiores guitarristas do Brasil — de estilos e turmas diferentes (ela tinha mesmo ouvido os conselhos de Marisa) —, Paulo Rafael e Wander Taffo.

Cássia e Graça Mello pensaram primeiro em gravar um disco de MPB com uma roupagem mais blues, deixando de lado a linha mais jazz dos dois primeiros discos. O plano era cantar muitas músicas do lado B de Djavan e Chico Buarque — um tributo aos dois compositores. Depois de alguns ensaios, Cássia desistiu da ideia. Queria interpretar apenas músicas de roqueiros brasileiros.

O grande hit do disco, e um dos maiores de sua carreira, nasceu do acaso. Pesquisando o repertório do rock nacional, Cássia pediu a Ezequiel Neves, padrinho do Barão Vermelho, que sugerisse uma música pouco conhecida da banda. Não queria gravar nada muito manjado. Ao revirar o baú, o produtor e jornalista achou uma canção que Cazuza e Frejat haviam feito em 1988 para Angela Ro Ro, prontamente recusada pela homenageada.

"Eu estava morando em Araras, Petrópolis. Caju [Cazuza] me mandou uma fitinha com 'Malandragem'. Eu, estúpida, telefonei e falei que ele estava louco. Tinha aquela guitarrinha lá, mas como eu ia gravar algo que falava: 'Sou uma garotinha esperando o ônibus da escola?'."[13] Aos 40 anos de idade, Ro Ro não usava meias três-quartos havia muitos anos. Nem a balzaquiana Cássia. "E daí?", questionou Ezequiel. A canção era ótima e parecia ter sido feita para ela.

A partir da escolha de "Malandragem", a primeira música a entrar no repertório do terceiro disco, tudo começou a fluir. Ezequiel fez todas as pontes possíveis. "Pela primeira vez eu fiz um trabalho de laboratório, que me deu segurança. A presença do Zeca [Neves] também foi fundamental. Ele tem um ótimo ouvido e, além de me ajudar na escolha, fez contato com os compositores. Sou muito bicho do mato, tímida demais pra essas coisas."[14]

Cássia gravou pela primeira vez uma canção de Nando Reis ("E.C.T.") e de Arnaldo Antunes ("Socorro"), dois de seus letristas favoritos, que entraram no mutirão de compositores e foram generosos com ela. A essa altura, a ideia de gravar um disco só de roqueiros brasileiros também já tinha ido pro espaço. Cássia não teve coragem de deixar de fora "Pétala", de Djavan, muito menos "Coroné Antonio Bento", de João do Vale, e "Na cadência do samba", de Ataulfo Alves.

Graça Mello preparou-se para a parte mais difícil. Mostrar o disco, gravado escondido em sua casa, para Marcos Maynard. Iniciou-se aí um cabo de guerra. De um lado, Cássia e seu produtor defendendo o repertório gravado no estúdio dele;

do outro, Maynard e os diretores comerciais da PolyGram, insatisfeitos com a falta de unidade do disco.

O produtor explicou que o disco tinha uma cara, sim, a de Cássia Eller e seu incrível talento para recriar canções que se tornavam praticamente inéditas a partir de sua interpretação. Maynard não se comoveu e passou a criar todo tipo de dificuldade. "O terceiro disco foi feito na base da troca. Eu queria gravar uma coisa, e eles falavam 'só se você gravar tal coisa'. Tive que trocar. Metade do disco era meu, metade deles."[15]

Cássia exagerou. Maynard tentou, mas não conseguiu impor tanta coisa. Mas o que conseguiu empurrar traumatizou a cantora para sempre. "Malandragem", planejada para ser a faixa de abertura do disco, acabou dando lugar a uma canção do RPM, "Partners", que já tinha sido gravada pela banda no disco *Quatro coiotes*, fracasso absoluto de vendas.

Maynard também empurrou outra canção para Cássia gravar, "Lanterna dos afogados", dos Paralamas do Sucesso. Ela preferia outras músicas da banda, mas o executivo, só para mostrar autoridade, bateu o pé. Ela ameaçou largar tudo, e ele pagou pra ver, aumentando a ingerência. Cássia teve também que incluir no disco "Try a Little Tenderness", que Maynard havia cantado durante a primeira reunião com a cantora.

Graça Mello conta:

"O Maynard, só de vingança, de pirraça, exigiu que a Cássia gravasse 'Partners' [e também 'Try a Little Tenderness']. 'Eu sou o presidente da gravadora. Eu que mando.' Cássia ameaçou pular fora. Tentei colocar panos quentes: 'Cássia, facilite as coisas, vamos salvar o seu projeto, a gente coloca a música no fim do CD, meio escondida'. O Maynard foi muito escroto. Colocou a música para abrir o disco. A Cássia gravou chorando. Não de emoção. De raiva mesmo."[16]

Ao tomar a decisão, por vaidade, de boicotar uma artista de seu próprio cast, Maynard talvez não acreditasse que Cássia pudesse estourar. Quase ninguém notou a insossa música de abertura, pulada sem cerimônia pelos fãs. Só dava a segunda faixa, "Malandragem", ouvida sem parar, assim como "1º de julho" e "E.C.T.", sucessos que ajudaram a artista a ganhar o primeiro disco de ouro da carreira, pelas 160 mil cópias vendidas.

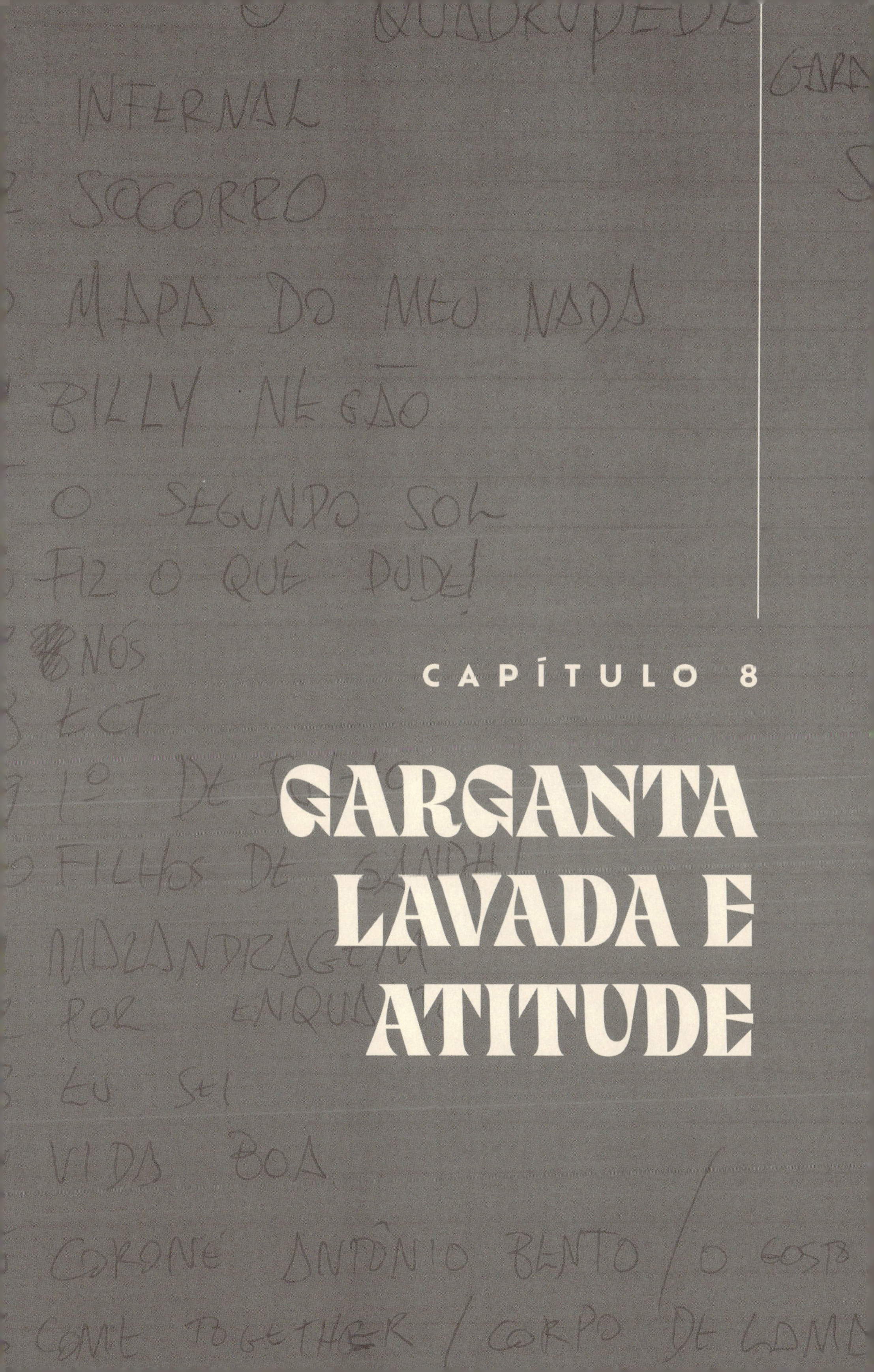

CAPÍTULO 8

GARGANTA LAVADA E ATITUDE

O QUADRÚPEDE

GARANHUNS
e
SALVADOR

INFERNAL

SOCORRO

MAPA DO MEU NADA

BILLY NEGÃO

O SEGUNDO SOL

FIZ O QUÊ PUDE!

NÓS

ECT

1º DE JULHO

FILHOS DE GANDHI

MALANDRAGEM

POR ENQUANTO

EU SEI

VIDA BOA

CORONÉ ANTÔNIO BENTO / O GOSTO DO AMOR

COME TOGETHER / CORPO DE LAMA

ANGEL

NA CADÊNCIA DO SAMBA

EU VOU TE ESQUECER 20 SGT PEPPER

O ex-empresário da Legião Urbana demorou para entender o que Cássia Eller queria e seguiu confuso até o fim da parceria. Rafael Borges estava pronto para pisar no acelerador, aproveitar o embalo das boas vendas do terceiro disco, um movimento natural de quem estava gerenciando a carreira de uma artista com um pé no mainstream. O primeiro passo foi contratar um grande cenógrafo para a turnê nacional e um figurinista, este com a indigesta missão de convencer Cássia a se vestir de qualquer outro jeito, menos como ela mesma.

A cantora havia antecipado em dez anos a moda grunge. Muito antes de a estética do movimento musical nascido em Seattle (EUA) no começo da década de 1990 multiplicar o número de roqueiros com camisetas rasgadas e bermudas até os joelhos, Cássia já se vestia assim nos shows em Brasília. A figurinista contratada por Rafael Borges bem que tentou convencê-la a usar uma ou outra peça do novo armário — ela tratou de rasgá-las, adaptando-as ao seu gosto.

A agenda de shows do terceiro disco durou pouco. Cássia não sabia dizer não, custava a demonstrar insatisfação com as coisas, mas, quando acontecia, ela virava a mesa pra valer e de forma definitiva. No começo da turnê do terceiro disco, a cantora mudou radicalmente de planos.

Queria cantar acompanhada apenas de seu violão, com o apoio de mais dois violonistas, um show acústico como os do início da carreira em Brasília.

Marcos Maynard teve um novo ataque de fúria. Era a hora de divulgar o disco que estava no mercado, e não de inventar moda. Cássia não recuou. E foi além. Não só mudou totalmente a sonoridade do repertório, desplugando tudo, como trocou as canções que tinha sido obrigada a gravar no terceiro disco, por imposição do presidente da gravadora, por músicas que adorava cantar ao vivo.

Saíram: "Partners", do RPM, "Lanterna dos afogados", dos Paralamas do Sucesso, e "Pétala", do Djavan. Entraram: "Eu sou egoísta", de Raul Seixas, "Nenhum Roberto" (a primeira das muitas canções que ela gravaria de Nando Reis), "Eu sou neguinha", de Caetano Veloso, e "Stray Cat Blues", dos Rolling Stones.

Rafael Borges convenceu Maynard a não começar uma nova queda de braço com Cássia, lembrando ao executivo que um dos maiores sucessos da carreira da cantora até ali, "Por enquanto", havia sido gravado num estúdio modesto em São Paulo, com Cássia tocando violão e cantando. E só. Ou seja, talvez não fosse inteligente subestimar a capacidade de Cássia de gerar novos hits valendo-se exclusivamente de seu enorme talento, sem precisar recorrer a nenhuma parafernália.

E, ao tornar tudo mais minimalista, abrindo mão de figurinista, iluminador, cenógrafo — e de uma banda tradicional —, Cássia atendia ao desejo de não deixar as coisas se tornarem grandiosas demais. Nada a apavorava mais do que a ideia de ser obrigada a cumprir a liturgia imposta pela fama. Detestava dar entrevistas, receber pessoas estranhas no camarim, participar de programas de televisão e cerimoniais de todos os tipos. Não que não desejasse o sucesso — o que mais queria era ser popular, tocar no rádio, cantar para as massas —, mas, se tudo isso pudesse vir sem o pacote de maldades, ela agradecia.

A turnê *Violões* ajudou Cássia a se fechar ainda mais no seu mundo particular, estar com Eugenia e Chicão e na companhia dos amigos mais chegados, profissionais da área da música que a acompanhavam havia muitos anos, acumulando funções, como era o caso do ex-roadie Alex Merlino, um faz-tudo que levava a sério a incumbência. Era com ele que Cássia dava umas namoradas quando sentia vontade de se atracar com alguém além de Eugenia.

Dois novos músicos se juntaram à patota e, em pouco tempo, já era como se fossem da família: Serginho Serra e Walter Villaça. Serginho, ex-guitarrista do Ultraje a Rigor, chegou por sugestão de Rafael Borges. Waltinho entrou pouco tempo depois, indicado por Serginho. Cássia os adorou. Eles também, contentes por trabalhar com uma artista sem qualquer tipo de estrelismo, que adorava jogar futebol, baralho, tomar cachaça e contar piadas politicamente incorretas.

Waltinho Villaça sacou logo onde estava pisando. No primeiro dia de ensaio, foram todos a uma padaria, perto do estúdio. Na saída, uma menina pediu dinheiro. Cássia começou a tirar a roupa, repassando as peças para a garota. No final, ficou apenas de calcinha, tampando os seios com as mãos até voltar ao estúdio. Chegando lá, assim ficou.

Waltinho conta, em depoimento ao autor:

"Cássia era uma pessoa muito especial. Esqueça a mulher tímida, bicho do mato. Isso era com os estranhos. Quando ela criava intimidade, era melhor sair da frente. Ela me chamava de 'Cabelinho'. Cumprimentava a gente como se fosse um colega de quinta série: ou com uma 'dedada' na bunda ou te abraçando por trás e apertando com força o seu pau. Adorava jogar buraco, truco, cacheta. E futebol. Era uma zagueira raçuda, meio grossa, mas determinada. E tinha também a história de passar no puteiro depois dos shows. Eu tinha 20 e poucos anos quando comecei a tocar com ela. O que mais eu poderia querer? Ela tinha zero estrelismo. E isso já ficava claro nas turnês. Na do *Violões*, por exemplo, a gente viajou tudo junto, um em cima do outro, dentro de uma Kombi. O Rafael Borges achava um absurdo, queria que ela fosse de avião, separada dos músicos, da equipe técnica.

Achava que ela tinha que se preservar, dormir mais cedo, cuidar da voz. Ele estava fazendo o papel dele, claro, estava certo em suas colocações, mas demorou pra entender que pra Cássia tudo era uma coisa só. Esse entrosamento com as pessoas com quem trabalhava, a amizade, a convivência, a cumplicidade eram parte essencial do processo musical e criativo. Não tinha essa de ficar sozinha dentro do camarim. Eram sempre dois camarins, um para ela e outro para os músicos. O que ela fazia? Chamava a gente, os músicos, para o dela, e o outro ela colocava à disposição do pessoal da limpeza, dos seguranças, que também tinham livre acesso ao nosso camarim. O Rafael queria morrer. Achava que a Cássia era artista e tinha que viver como uma artista."

A própria Cássia disse algo semelhante em 2000, num bate-papo com a ex-sócia da Eller's Produções, Fátima Tassinari, publicado na revista *Um outro olhar*:

"Eu gosto da coisa da convivência, que eu acho muito importante. Eu não sou muito de conversar, de ficar explicando, nem de ficar ouvindo umas coisas muito, não. Então, essa identificação rápida assim, só no olhar, só no gesto, fica mais fácil trabalhar. Você pega o violão assim, cê toca um negócio, o outro já entendeu o que tá acontecendo, e a música é feita assim até o fim. E tem a coisa do astral também que tem que combinar, entendeu? A gente tem que ser da mesma turma porque eu acho isso, poxa, essencial pra mim. Várias vezes já aconteceu de eu tocar com outras pessoas, mas não rola, não consigo me soltar, não consigo cantar direito, não consigo me emocionar."[1]

A turnê *Violões* começou do jeito que Cássia queria: com apresentações em casas menores, para pouca gente, como na estreia, numa casa em São Gonçalo, no Rio. Mas não houve jeito, o show fez tanto sucesso que foi impossível não atender o desejo do público. Rafael Borges fechou longas temporadas no Palace, em São Paulo, e no Canecão, no Rio, e uma pequena turnê pela Alemanha, a primeira viagem internacional de Cássia.

Nos shows em Berlim, todos exageraram no pó e na bebedeira, Cássia e os músicos. Sobrou para o guitarrista, Serginho Serra, demitido na volta ao Brasil por Rafael Borges, que aproveitou e também dispensou Alex Merlino. Waltinho Villaça também quase rodou, mas Cássia deixou claro ao empresário que, se ele continuasse a caça às bruxas, quem acabaria fora seria ele. "Cabelinho [Waltinho] só sai da minha banda se ele morrer."

A cantora havia sido contra a saída de Serginho e Alex, principalmente deste último, um amigo para todas as horas, mas acabou cedendo à pressão de Rafael. Era grata ao empresário por ter segurado a barra com a gravadora, que havia feito de tudo para Cássia não abraçar o projeto acústico. Com o sucesso de *Violões*, Marcos Maynard teve que dar o braço a torcer, sem questionar a nova decisão da cantora de transformar a temporada de shows num disco ao vivo, o quarto pela PolyGram.

Gravado no Canecão, no Rio, e no Tom Brasil, em São Paulo, no fim de 1995, *Cássia Eller – Ao vivo* saiu no ano seguinte, meses antes do falecimento de Renato Russo, vítima de complicações pulmonares e renais decorrentes da aids.

Eu gosto da coisa da convivência, que eu acho muito importante. Eu não sou muito de conversar, de ficar explicando, nem de ficar ouvindo umas coisas muito, não. Então, essa identificação rápida assim, só no olhar, só no gesto, fica mais fácil trabalhar.

A morte do cantor, aos 36 anos, abalou profundamente Rafael Borges, seu amigo e empresário desde o início da Legião, que havia acompanhado de perto todo o drama vivido por Renato.

O empresário avisou Cássia que se afastaria durante um mês, para colocar a cabeça em ordem, e que durante esse tempo ela podia aproveitar para ouvir o que Waly Salomão tinha a dizer. O poeta e autor de "Vapor barato" havia se oferecido para ser o produtor do próximo disco de Cássia. Credenciais não lhe faltavam. Waly havia sido o diretor artístico do mítico *Fa-Tal – Gal a todo vapor*, show que virou disco e até hoje é considerado o mais ousado e revolucionário trabalho de Gal Costa.

Para Rafael, seria o casamento perfeito — e na hora certa. Na cabeça do empresário, Cássia precisava se consolidar como cantora de MPB, uma espécie de Marisa Monte com uma pegada mais libertária, e nada melhor do que ser dirigida artisticamente por um produtor associado à contracultura e a uma estrela do gênero como Gal Costa.

Cássia e Waly haviam se encontrado pela primeira vez na churrascaria Plataforma, no Leblon, num jantar marcado por Rafael. O poeta chegou chegando. Bem ao seu estilo, falou e gesticulou sem parar, verborragia só interrompida para ir ao banheiro. Cássia, atônita, aproveitou a breve ausência de Waly para fazer um pedido urgente ao empresário. "Vamos fugir? Ele é muito pra mim."[2]

Cássia não fugiu e, com o tempo, acostumou-se com o jeito de Waly. Na ausência de Rafael, aprofundaram a relação. Nas reuniões com a PolyGram, meses antes, havia ficado acertado que Cássia gravaria um disco com clássicos da MPB e algumas canções inéditas, de preferência de compositores badalados. Cássia concordou, sabendo que podia mudar de ideia no meio do caminho, ou até mesmo no início. E foi o que aconteceu. E com o aval de Waly.

Quando Rafael voltou do mês sabático, o "estrago" já estava feito. Cássia estava decidida a gravar um disco todo em homenagem a Cazuza, o compositor responsável pelo seu ingresso na carreira artística, num momento em que ainda se mostrava indecisa sobre qual caminho seguir, o de professora ou de artista. "Foi depois de ouvir 'Down em mim' [canção de Cazuza, gravada no primeiro disco do Barão Vermelho, lançado em 1982] que decidi ser cantora mesmo."[3]

Ela se identificou imediatamente com o autor de "O tempo não para", mais do que com as cantoras que admirava, mas não se via como elas. "No início da carreira as pessoas diziam que eu devia treinar a voz. Aí eu ouvi Zizi [Possi], Gal, Elis, tentando aprender, mas acabei desistindo. Meu jeito é outro. O jeito do Cazuza: garganta lavada e atitude."[4]

Cássia e Cazuza haviam se esbarrado apenas uma vez, durante um show de Angela Ro Ro no morro da Urca. Apresentados por amigos em comum, mal se falaram. "Ele olhou pra mim, falou 'oi', 'e aí', e foi em frente. Eu queria muito ter sido amiga dele. Não amiga de ficar grudada, mas poder contar com sua presença em qualquer hora."[5]

Rafael entrou em desespero ao saber que não só Cássia não pretendia seguir o combinado com ele e a gravadora, como estava planejando gravar um disco só com canções pouco conhecidas de Cazuza, entre elas "Assassinato da flor", que daria também nome ao disco. E que Waly havia concordado com tudo.

E tinha mais: Cássia estava disposta a deixar de cantar apenas acústico, o que contrariava a recomendação da gravadora para que ela criasse uma unidade no trabalho, fidelizando seu público. A cantora deixou claro mais uma vez: não era uma vendedora de sabonete. Não tinha compromisso com nada. Só consigo mesma. "Quero fazer barulho. Ando meio cansada do meu repertório, aquela coisa só de fazer show de voz e violão."[6]

Marcos Maynard quis matar Rafael Borges, o responsável por juntar dois malucos de pedra, Cássia e Waly. Para o presidente da PolyGram, o projeto era um passaporte para o fracasso, ainda mais se Cássia insistisse em gravar canções desconhecidas de um compositor que havia morrido no começo da década e já não tinha o mesmo apelo entre o público.

Waly contornou a situação, prometendo um disco apenas com grandes sucessos de Cazuza. Cássia não gravaria "Assassinato da flor" e, portanto, esse não seria o título do álbum-tributo, e sim *Veneno AntiMonotonia*, tirado de um trecho de "Todo amor que houver nessa vida". O poeta também argumentou que o repertório de Cazuza combinava com o estilo visceral da cantora. Ele prometia uma nova Cássia no palco, muito mais conceitual, no estilo *Fa-Tal – Gal a todo vapor*.

No início da carreira as pessoas diziam que eu devia treinar a voz. Aí eu ouvi Zizi Possi, Gal, Elis, tentando aprender, mas acabei desistindo.

Meu jeito é outro.
O jeito do Cazuza:
garganta lavada e atitude.

No início, deu tudo certo. A cantora entregou tudo que Waly prometeu. Um disco grandioso, com versões fantásticas e originais de "Brasil", "Só as mães são felizes", "Por que a gente é assim?", "Bete Balanço" e "Mal nenhum". Ezequiel Neves, guru do homenageado, acompanhou as gravações de perto e estreitou os laços com Cássia, chamada, no texto de divulgação do disco, escrito por ele, de meu "primeiro, único e último marido".

Cássia retribuiu o afeto. No encarte de *Veneno AntiMonotonia* escreveu: "Dedicado a Ezequiel Neves (meu marido predileto), Eugenia e Chicão". O disco vendeu 180 mil cópias, deixou todos na gravadora satisfeitos e abriu caminho para a gravação de um disco ao vivo. Os problemas com Waly começaram aí. Uma coisa era dirigir a contida e tímida Cássia do estúdio, e outra era tentar dar uma unidade à indomável cantora que se transformava em outra pessoa quando subia no palco.

Waly não queria que Cássia se limitasse a cantar, coçar o saco imaginário e cuspir em direção à plateia. Ela teria que seguir rigorosamente o roteiro do show escrito por ele. E isso significava decorar e recitar trechos de um diário de Cazuza nos intervalos das canções, ideia que Cássia achou chata e de difícil execução. Teria também de respeitar as marcações de luz, movendo-se no palco de acordo com o script.

Mas o momento não era propício para fazer uma artista de espírito anárquico como Cássia virar uma aplicada cumpridora de regras. Ela andava mais porra-louca do que nunca. "Culpa" de Cazuza. "Essa fase foi difícil: muita droga, cheirava muito, me envolvi com a história dele, queria imitar ele um tiquinho, sentir aquela carga pesada dele. E consegui."[7]

Os atritos com Waly aumentaram no momento em que o produtor insistiu para que Cássia cantasse na turnê que viraria disco ao vivo uma canção de Péricles Cavalcanti em homenagem a ela intitulada "Eu queria ser Cássia Eller". Na letra, que remete a "Ouro de tolo", de Raul Seixas, a genial canção sobre a mediocridade dos sonhos do cidadão médio brasileiro, Péricles cita várias profissões e atividades para afirmar que, na verdade, gostaria mesmo é de ser Cássia Eller:

> Eu poderia ser um general da banda
> Uma modelo, um herói da propaganda
> Eu poderia ser escravo do trabalho
> Ser um banqueiro, um estilista do baralho
> E não há nenhuma outra hipótese
> Que eu não considere, mas
> O que eu queria mesmo ser
> É a Cássia Eller

Cássia recusou-se a cantá-la. Achou que tudo soaria cabotino demais. Waly insistiu, dizendo que a música estava para ela assim como "Meu nome é Gal", a canção de Roberto e Erasmo, estava para Gal Costa. Analogia que só piorou as coisas. Achava que Waly estava forçando a barra ao tentar reviver com ela o clima e o espírito do show *Fa-Tal*. Ela não era Gal Costa. Não conseguiria ser Gal Costa. E não queria ser Gal Costa.

Com o tempo, Waly conseguiu dobrá-la. E a convenceu a cantar a música de Péricles, além de seguir todos os passos do roteiro do show, como lembra Waltinho Villaça, em depoimento ao autor:

"O Waly tinha mil ideias por segundo. E umas ideias muito doidas. Cássia, num primeiro momento, adorou o jeitão dele, se sentiu desafiada. Gostava de gente assim, não convencional. Mas era o Waly Salomão, né? O que era só admiração virou incômodo. Porque ela não sabia dizer não, tinha enorme dificuldade, e o Waly exagerou um pouco na dose, principalmente nessa história de tentar reviver o espírito libertário do show *Fa-Tal*. Por exemplo, sugeriu que a Cássia deveria começar o show tocando cavaquinho na versão de 'Brasil', do Cazuza. Ela achou ótimo, mas detestou ter que usar um sobretudo, outra sugestão do Waly. Cássia não gostava de se encher de roupa, de ter que adotar um figurino próprio para cada momento do show. Por ela, entraria pelada. [...] A menina de Santarém nunca saiu dela. E tinha a história das marcações de palco, de ler o diário do Cazuza, um monte de coisas que ela precisava cumprir. No primeiro dia de gravação do disco ao vivo, no [Teatro] Rival, ela não fez nada do combinado. O Waly ficou puto. Ela também. Depois se entenderam. E deu tudo certo. O disco ficou lindo, ela fez tudo que o Waly pediu, mas nos outros shows da turnê desencanou total. Começou a cantar as

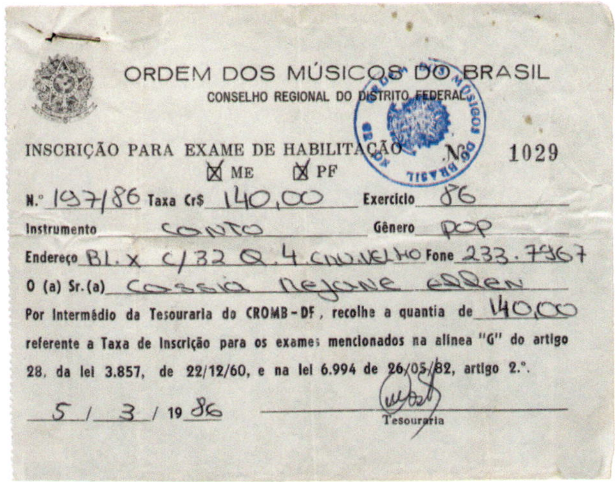

ORDEM DOS MÚSICOS DO BRASIL
CONSELHO REGIONAL DO DISTRITO FEDERAL

INSCRIÇÃO PARA EXAME DE HABILITAÇÃO Nº 1029

☒ ME ☒ PF

N.º 197/86 Taxa Cr$ 140,00 Exercício 86

Instrumento canto Gênero pop

Endereço Bl. x c/32 Q. 4 cru.velho Fone 233.7967

O (a) Sr. (a) Cassia Rejane Eller

Por Intermédio da Tesouraria do CROMB-DF, recolhe a quantia de 140,00 referente a Taxa de Inscrição para os exames mencionados na alinea "G" do artigo 28, da lei 3.857, de 22/12/60, e na lei 6.994 de 26/05/82, artigo 2.º.

5 / 3 / 1986

Tesouraria

arquivo pessoal

Carteira da Ordem dos Músicos do Brasil, assinada em 1986: a entrada para a vida artística tirou muita minhoca da sua cabeça. "Comecei a ser feliz, sabe?"

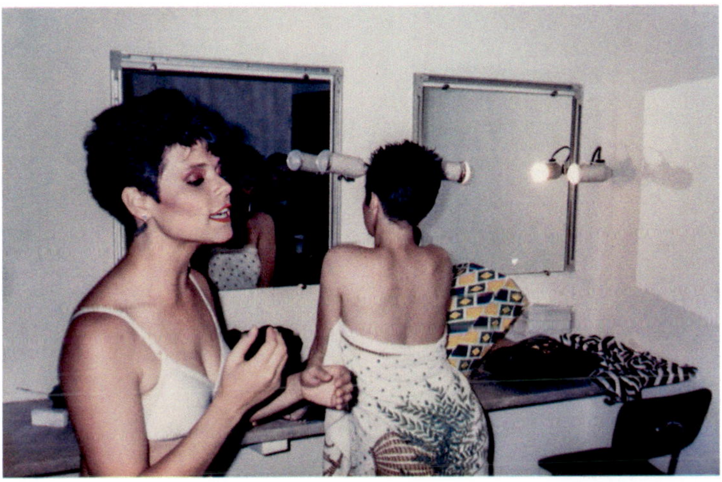

arquivo pessoal

Cássia detestava dar entrevistas, receber pessoas estranhas no camarim, participar de programas de televisão e cerimoniais de todos os tipos.

Monique Cabral/Agência O Globo

Cássia, em estúdio. O entrosamento com as pessoas com quem trabalhava, a amizade, a cumplicidade, eram parte essencial do processo musical e criativo.

Uma coisa era dirigir a contida e tímida cantora do estúdio e outra era tentar dar unidade à indomável artista que se transformava em outra pessoa quando subia no palco.

arquivo pessoal

Milton Montenegro

Tomando, em paz, a sua cervejinha. Ela nem sempre conseguiu ser Cássia Eller.

Monique Cabral/Agência O Globo

Esqueça a mulher tímida, bicho do mato. Quando Cássia criava intimidade, era melhor sair da frente.

Cristina Hirtsch/Revista Manchete

Grávida de Chicão: a maternidade apressou a decisão de Cássia de dar uma guinada radical na vida e na carreira.

arquivo pessoal

Decidida a não fazer shows durante a gravidez e também nos primeiros meses de vida de Chicão, Cássia voltou aos tempos de dureza absoluta.

arquivo pessoal

Com Nando Reis. Mais que uma parceria: um caso de amor.

arquivo pessoal

Show da banda Come Água, a sua grande cachaça. Cássia levava tão a sério o projeto clandestino que decidiu contratar, sem o consentimento de Leonardo Netto, uma firma só para cuidar dos shows paralelos.

arquivo pessoal

Atendendo aos fãs após um show da Come Água no interior do Rio: cachê dez vezes menor.

Wilton Junior/Estadão Conteúdo

Abrindo o show dos Rolling Stones, em 1998: expulsão do palco e "apertão" impróprio em Keith Richards.

Mônica Zarattini/Estadão Conteúdo

Fábio Motta/Estadão Conteúdo

A apoteótica participação no Rock in Rio III: 100 mil pessoas em transe.

Arquivo/Estadão Conteúdo

MEMÓRIA

Cássia Eller morre no Rio aos 39 anos

Cantora sofreu parada cardíaca, que pode ter sido causada por consumo excessivo de drogas

BEATRIZ COELHO SILVA e LUCIANA NUNES LEAL

RIO – A cantora Cássia Eller, de 39 anos, morreu ontem às 19h05, vítima de intoxicação exógena. A suspeita é de que a cantora, que já tinha recorrido a tratamento para dependência de cocaína, tenha sofrido uma overdose. Cássia deveria fazer amanhã à noite o show da festa de réveillon na Barra da Tijuca.

A cantora deu entrada na Clínica Santa Maria, em Laranjeiras, na zona sul, no início da tarde de ontem, com sinais de desorientação e agitação. Logo teve a primeira parada cardíaca e foi transferida para o Centro de Tratamento Intensivo, onde foram feitas exaustivas tentativas de recuperação. Na terceira parada cardíaca, Cássia Eller não resistiu.

Cássia chegou à clínica acompanhada de seu empresário, Ronaldo Villas. De acordo com ele, a cantora teria passado mal à noite, com enjôo e vômitos. Durante a tarde, Villas, visivelmente nervoso, deu entrevistas afirmando que a cantora estava medicada e dormia. Ele temia que os parentes de Cássia soubessem da gravidade de seu estado pela mídia.

Cássia vinha fazendo, desde maio, uma turnê nacional para divulgar seu sétimo disco, *Acústico MTV*, que já vendeu mais de 250 mil cópias. Nas entrevistas de divulgação, disse várias vezes que já teve problemas com cocaína e excesso de álcool e cigarros.

Fotos: Wilton Júnior/AE – 12/7/2001

Em cena: sua música era o rock, mas seu repertório incluía de Edith Piaf a Gilberto Gil

Diva irreverente estava no auge

Roqueira vinha de uma maratona de sete meses de shows, em meio ao sucesso de seu 'Acústico'

LÍGIA FORMENTI

A cantora Cássia Eller estava no auge da carreira. A carioca que nos anos 80 participou do grupo teatral de Oswaldo Montenegro e chegou a ensaiar duas músicas do estilo romântico-brega para conseguir vaga em uma gravadora, recebeu, no dia 10, o prêmio da Associação Paulista de Críticos de Arte (APCA) pelo disco *Acústico MTV*, lançado em maio e que já vendeu 250 mil cópias.

Antes de gravar seu primeiro disco, em 1990, a cantora percorreu uma extensa trajetória. Cantou em coral, trabalhou como corista em óperas, participou de um grupo de forró e um trio-elétrico de Brasília. Depois da estréia em disco, não parou mais. Foram oito, gravados com intervalo máximo de dois anos entre um e outro e duas coletâneas.

Batizada com o nome sugerido pela avó, devota de Santa Rita de Cássia, a cantora apresentava um comportamento em público que poderia chocar os mais recatados. Em casa, seu jeito de ser era bem diferente, segundo afirmava Eugênia, sua companheira havia 13 anos. Em entrevista publicada este ano, Eugênia definiu Cássia como uma pessoa tímida.

Homossexual assumida, Cássia contava que a única crise em seu relacionamento com Eugênia ocorreu quando ficou grávida, de um rápido relacionamento com o baixista Otávio Fialho.

O músico morreu alguns dias antes de Cássia dar à luz, em um acidente de automóvel. Chicão, o filho da cantora, está com 8 anos. O garoto vivia com a mãe e Eugênia.

Cássia há alguns anos apresentava problemas com drogas. No fim do ano passado, a cantora submeteu-se a um tratamento de desintoxicação. Ela dizia que Eugênia e Chicão ficavam nervosos com seu consumo constante de cocaína. Nos últimos meses, garantia Cássia, seus únicos vícios eram o cigarro, a cerveja e a música.

Filha de militar, Cássia jamais gostou de escola e repetiu quatro vezes o segundo ano do curso normal. Na música, era autodidata. Dizia que tinha aprendido tudo o que sabia ouvindo os Beatles.

DISCOGRAFIA

1990 – **Cássia Eller** – Polygram
1992 – **O Marginal** – Polygram
1994 – **Cássia Eller** – Polygram
1996 – **Ao Vivo** – Som Livre
1997 – **Veneno Antimonotonia** – Polygram
1998 – **Veneno Vivo** – Polygram
1999 – **Com Você Meu Mundo Ficaria Completo** – Universal Music
2001 – **Cássia Eller Acústico** – Universal Music

Os jornais repercutem a morte de Cássia e seu desdobramento.

SEXTA-FEIRA, 1 DE FEVEREIRO DE 2002 · CIDADES · O ESTADO DE S. PAULO · C5

PERSONALIDADE

Laudo conclui: enfarte matou Cássia Eller

Companheira da cantora diz que resultado é bom para o filho, Chicão

ROBERTA PENNAFORT

RIO – O laudo que o Instituto Médico-Legal (IML) divulgará hoje vai revelar que Cássia Eller morreu de enfarte. A companheira de Cássia, Maria Eugênia Vieira Martins, disse ontem que já sabia que ela não havia morrido por overdose de drogas.

"Era o que a gente pensava, tanto eu quanto a família, o que a gente vem dizendo desde que ela faleceu. Ela estava numa idade de risco, tinha hábitos de risco, era sedentária e fumava", afirmou.

Para ela, que voltou ontem a viver no apartamento que dividia com Cássia, no bairro do Cosme Velho, zona sul do Rio, o resultado do exame será bom para o filho da artista, Chicão, de 8 anos. "Para a criança é uma coisa muito importante saber que a mãe dele não morreu de overdose. Para a cabeça dele, isso vai ser muito bom", disse Eugênia, em entrevista à Rede Globo.

A causa mortis deverá ser divulgada oficialmente hoje, pela diretora do IML, Sílvia Falcão, com detalhes sobre o que levou a cantora a sofrer um enfarte.

Desde que Cássia morreu, no dia 29 de dezembro do ano passado, Eugênia se manteve longe do Rio com Chicão. "Vou continuar no apartamento com meu filho, ele vai voltar para a escola. Quero levar a vida normalmente, seguir em frente", contou. As aulas do garoto no Centro Educacional Anísio Teixeira (Ceat) recomeçam no dia 18 de fevereiro.

A companheira da cantora disse que, "em determinados momentos", sente raiva do pai de Cássia, o militar Altair Eller – com quem luta na Justiça pela tutela definitiva de Chicão. "Procuro não ter muita raiva porque acho que isso não vai fazer bem para mim." Em entrevistas anteriores, Eugênia declarara que Altair só está interessado em ficar com o neto para administrar os bens deixados pela cantora.

Eugênia, que viveu por 14 anos com Cássia, diz que vai continuar lutando para permanecer com o menino – ela já detém a guarda provisória dele. "Vou lutar para ficar com ele, porque tenho certeza de que esse é o desejo dele, o meu desejo e o da própria Cássia, que ela já tinha deixado isso bem claro. E lidar com essa saudade enorme que a gente vai sentir."

ELA DIZ QUE NÃO ACREDITAVA EM OVERDOSE

O Ministério Público pediu ontem correção à Rede Globo, que divulgou que o órgão vai contestar o exame toxicológico de Cássia. Segundo a promotora que cuida do caso, Renata Cabo, o MP não recebeu cópia do resultado do exame e só poderia decidir por um questionamento se tivesse sido informado oficialmente de seu resultado.

L.C. Leite/AE – 13/1/2001

Laudo deve dar detalhes sobre o que levou à morte: Cássia Eller havia passado mal à noite, teve náuseas e acessos de vômito

Artista sofreu 3 paradas cardíacas

Cássia Eller foi internada na Clínica Santa Maria às 11 horas do dia 29 de dezembro, após ter passado mal à noite, segundo seu empresário, Ronaldo Villas. A cantora teve náuseas e acessos de vômito e tomou soro e medicamentos contra enjôo. Conforme o boletim médico, chegou ao hospital agitada, apresentando "um quadro de desorientação". Tinha inflamação nas veias e obstrução da artéria do braço esquerdo.

Embora falasse de forma desconexa, disse que havia tomado o calmante Lexotan, mas não especificou quantos comprimidos. Após a internação, a equipe planejava fazer uma tomografia, quando às 15 horas a artista sofreu uma parada cardíaca. Às 17h30, ocorreu uma segunda parada cardíaca. Durante meia hora, as massagens para animá-la funcionavam, mas em dois ou três minutos o coração voltava a ter arritmia. Cássia foi medicada com adrenalina e xilocaína.

Às 18h30, o quadro estabilizou-se, só que quando se preparavam novos exames, às 19h05, houve a terceira e fatal parada cardíaca. Posteriormente, a família de Cássia relatou que ela possuía um problema cardíaco desde a infância, para rebater as especulações de que a cantora havia morrido por intoxicação exógena, ou seja, uma agressão ao organismo por parte de um agente externo, na maior parte dos casos uma droga.

Arquivo/Estadão Conteúdo

Arquivo/Estadão Conteúdo

Guarda do filho da cantora causa polêmica entre avô e companheira

Ele diz que vai brigar na Justiça, ela declara esperar que família pense na saúde do garoto

Companheira de Cássia Eller havia 14 anos, Maria Eugênia Vieira Martins declarou ontem na Internet, ao site *O Globo On Line*, que as acusações feitas pelo pai da cantora, assim como a vontade de ter a guarda do neto Francisco Ribeiro Eller, de 8 anos, podem ser motivadas por questões financeiras e pela vontade de denegrir sua imagem.

Maria Eugênia comentou que o pai de Cássia sempre pediu muito da filha e deve imaginar que o garoto tenha uma boa herança a receber. Pelas declarações de Altair Eller, avô de Chicão, como o garoto é carinhosamente chamado em casa, ele também lutará na Justiça pela tutela dos bens da criança.

Ricardo Teles/AE – 29/10/2000

Cássia hospedava o pai no Rio

A companheira de Cássia Eller afirmou que a relação do garoto com o avô é muito distante. Até o ano passado – quando o militar aposentado, que vive em Brasília, precisou fazer um tratamento de saúde no Rio e ficou hospedado com a segunda mulher e o filho na casa de Cássia por mais de um mês –, o avô e Chicão haviam se encontrado no máximo três vezes. Em entrevista à revista *Isto É*, o pai de Cássia diz acreditar que a "batalha na Justiça pela guarda de Chicão será inevitável".

Desde que nasceu, fruto de uma rápida relação entre a cantora e o baixista Tavinho Fialho, morto em um acidente de carro antes do nascimento do filho, Chicão viveu com a mãe e Maria Eugênia, que cuidava dele todo o tempo, enquanto Cássia trabalhava e viajava. Segundo relatos de pessoas próximas, era a "mãezinha", como ele chama Maria Eugênia, que ia às reuniões de escola e aos treinos de futebol do garoto.

Rotina – Na entrevista que concedeu ontem, a companheira afirma que o menino está reagindo "melhor do que o esperado" à morte da mãe. Ela comentou também que pretende retomar a rotina, voltando para a casa onde os três viviam e levando Chicão para a escola e para a convivência dos amigos. Maria Eugênia disse esperar que a família de Cássia pense, acima de tudo, na saúde de Francisco. Segundo ela, a mãe da cantora não se manifestou sobre as declarações do ex-marido, por estar ainda muito abalada.

Eugenia fica com a guarda de Chicão.
Altair, o avô, fez de tudo para impedir o desejo da mãe biológica.

TUTELA

Juiz da Infância e da Juventude decide que Chicão permanecerá, ao menos por enquanto, com a companheira da cantora. Elas viveram juntas 14 anos

Filho de Cássia Eller fica com Maria Eugênia

Redação/Correio Braziliense/D.A. Press

arquivo pessoal

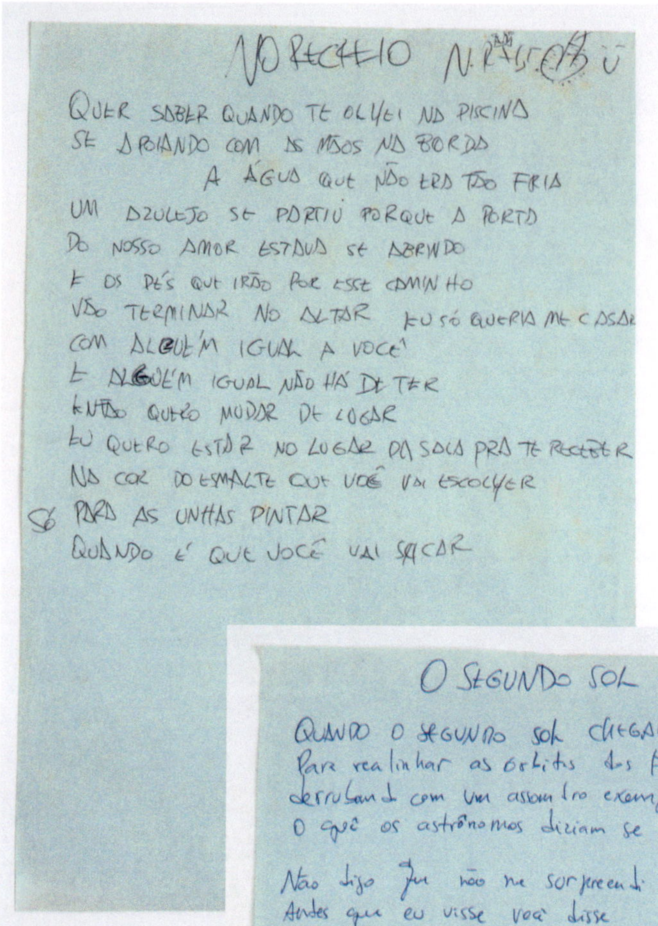
NO RECREIO

QUER SABER QUANDO TE OLHEI NA PISCINA
SE APOIANDO COM AS MÃOS NA BORDA
A ÁGUA QUE NÃO ERA TÃO FRIA
UM AZULEJO SE PARTIU PORQUE A PORTA
DO NOSSO AMOR ESTAVA SE ABRINDO
E OS PÉS QUE IRÃO POR ESSE CAMINHO
VÃO TERMINAR NO ALTAR EU SÓ QUERIA ME CASAR
COM ALGUÉM IGUAL A VOCÊ
E ALGUÉM IGUAL NÃO HÁ DE TER
ENTÃO QUERO MUDAR DE LUGAR
EU QUERO ESTAR NO LUGAR DA SOLA PRA TE RECEBER
NA COR DO ESMALTE QUE VOCÊ VAI ESCOLHER
SÓ PARA AS UNHAS PINTAR
QUANDO É QUE VOCÊ VAI SACAR

Letras de *"O segundo Sol"* e *"No recreio"* em seu caderno de anotação: Nando Reis ajudou a cantora a ser, enfim, Cássia Eller.

arquivo pessoal

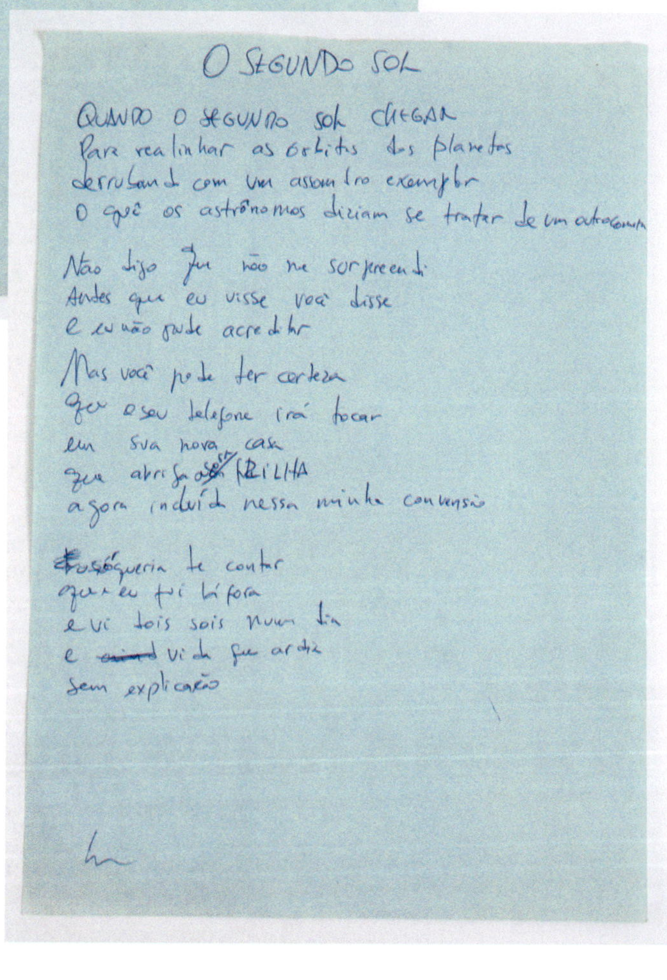
O SEGUNDO SOL

QUANDO O SEGUNDO SOL CHEGAR
Para realinhar as órbitas dos planetas
derrubando com um assombro exemplar
O que os astrônomos diziam se tratar de um outro cometa

Não digo que não me surpreendi
Antes que eu visse você disse
e eu não pude acreditar
Mas você pode ter certeza
Que o seu telefone irá tocar
em sua nova casa
que abriga a TRILHA
agora incluída nessa minha conversão

Eu só queria te contar
que eu fui lá fora
e vi dois sois num dia
e vida que arde
sem explicação

músicas de Cazuza que ela adorava e ninguém conhecia. Não usava mais o sobretudo, quebrou três cavaquinhos de propósito. Ela tocava a introdução e depois jogava pro alto o instrumento, para desespero do roadie, que tentava pegá-lo no ar. Era um gesto simbólico: 'Agora serei eu mesma, vou fazer do meu jeito e foda-se'."

O show *Todo veneno vivo* amadureceu a artista. Cássia, no fim, gostou da experiência de ser dirigida no palco por alguém que, apesar dos exageros, tinha tudo a ver com ela. "Foi o grande desafio da história toda. Pela primeira vez tenho toda essa produção e tenho que respeitar marcações e luz. Nunca estive tão segura. Não me senti violentada como achava que ia ser. Tinha só um pouquinho de medo, porque sou completamente desastrada."[8]

O disco ao vivo vendeu quase 200 mil cópias e levou a cantora a outro patamar artístico. Todos queriam ser Cássia Eller. Até os seus ídolos. Rita Lee era uma das mais entusiasmadas. Havia adorado a versão de Cássia para "Todas as mulheres do mundo": "Essa menina é danada. A mais completa tradução de um El Niño musical. Tem voz de trovão, mas em vez de raios e tempestades, ela nos oferece um belíssimo Sol. Soube também que ela é tímida nos bastidores e ousada no palco. Gosto muito dessa sabedoria. Sinto-me honrada por ela estar me cantando".[9]

Um dos pontos altos do show *Todo veneno vivo* era a interpretação de Cássia para "Mal nenhum", a melancólica canção de Cazuza e Lobão. Ela gostava da sonoridade, da pegada da música, nem tanto do refrão. "Discordo da letra. Aquilo de 'eu não posso causar mal nenhum a não ser a mim mesmo' pra mim não cola."[10]

Depois da fase Cazuza, com muito álcool e cocaína, Cássia e os músicos decidiram tirar juntos o pé da jaca. A decisão foi tomada durante a turnê pelo Nordeste. No lugar das madrugadas em inferninhos, futebol e praia. O segundo Sol estava próximo.

CAPÍTULO 9

COME ÁGUA

WOMAN IS THE NIGGER OF THE WORLD

John/Yoko

WOMAN IS THE NIGGER OF THE WORLD
ES SHE IS THINK ABOUT IT
OMAN IS THE NIGGER OF THE WORLD
HINK ABOUT IT DO SOMETHING ABOUT IT

E MAKE HER PAINT HER FACE AND DANCE
F SHE WON'T BE A SLAVE WE SAY THAT SHE DON'T LOVE
F SHE'S REAL WE SAY SHE'S TRYING TO BE A MAN
WHILE PUTTING HER DOWN WE PRETEND THAT SHE'S ABO

WOMAN IS THE NIGGER OF THE WORLD YES SHE IS
YOU DON'T BELIEVE TAKE A LOOK AT THE ONE YOU'RE WITH
WOMAN IS THE SLAVE OF THE SLAVES
ES SHE IS BETTER SCREM ABOUT IT

E MAKE HER BEAR AND RAISE OUR CHILDREN
D THEN WE LEAVE HER FLAT
OR BEING A FAT OLD MOTHER HEN
E TELL HER HOME IS THE ONLY PLACE SHE SHOULD BE
HEN WE COMPLAIN THAT SHE'S TOO UNWORLDLY
TO BE OUR FRIEND ... ⊕

E INSULT HER EVERY DAY ON TV
D WONDER WHY SHE HAS NO GUTS OR CONFIDENCE
N SHE'S YOUNG WE KILL HER WILL TO BE FREE
~~HILE TELLING TO BE SO SMART~~
HILE TELLING HER NOT TO BE SO SMART WE PUT H
OR BEING SO DUMB ⊕

Em 1998, ano em que Chicão fez cinco anos, Cássia começou, enfim, um tratamento de desintoxicação de cocaína. A decisão ocorreu após uma ida ao médico, por conta de um sangramento na vagina. O ginecologista explicou que não era nada grave, desde que fosse retirado imediatamente o O.B. introduzido três semanas antes. "Havia colocado o absorvente e ido a uma festa em que o pó corria farto e solto. Eu embalava dois, três dias sem parar."[1]

Mais uma vez, Cássia não tinha respeitado o combinado com os músicos da banda de dar uma parada geral com álcool e cocaína. Ela era sempre a primeira a ter uma recaída e não admitia que a censurassem por isso. A reação era sempre violenta, desmedida. "Eu só funcionava cheirada, e a gente vai ficando mais agressiva, mais intolerante, mais escrota."[2]

Cássia tomou sozinha a decisão de se internar numa clínica. "Estava me atrapalhando muito, a ponto de perder compromissos, ver a voz indo pra cucuia, irritar o pessoal da banda. Tinha criança dentro de casa, minha mulher não estava gostando. Fui eu mesma que quis fazer, foi legal."[3] Durante o tratamento, penoso para qualquer dependente, Cássia não perdeu o bom humor. "Encontrei Jesus, sigo com ele até hoje, limpinha."[4]

A nova fase coincidiu com outra mudança importante na carreira: a chegada de um novo empresário. Ela não se entendia mais com Rafael Borges, que não se entendia com os músicos, que também não gostavam dele por conta da insistência em tentar separar Cássia do convívio da banda. Para Rafael, os músicos eram os responsáveis por levar a cantora para o mau caminho, para as noites de esbórnia depois dos shows. Na verdade, era exatamente o contrário.

O empresário não entendia a insistência de Cássia em cantar em lugares pequenos, em cidades fora do circuito, exatamente no seu momento de maior popularidade, com shows lotados, músicas tocando no rádio e discos ultrapassando a marca de 100 mil cópias. Rafael achava que a cantora deveria reservar energia para passar mais tempo em estúdio e esquecer por um bom tempo a história de gravar discos ao vivo.

Se dependesse de Cássia, ela nunca mais entraria num estúdio. Passaria a vida inteira na estrada, tocando com os amigos pelos rincões do país, de preferência na companhia de Eugenia e Chicão. Essa era a sua cachaça. "Não gosto muito de fazer disco de estúdio, me sinto pouco à vontade. Na hora de colocar a voz definitiva sofro pra caramba, às vezes tenho

Eu só funcionava cheirada, e a gente vai ficando mais agressiva, mais intolerante, mais escrota.

de repetir oito vezes. Os técnicos opinam, não gosto. Gosto de fazer disco ao vivo."[5]

Em meio aos protestos de Rafael Borges, Cássia montou um projeto clandestino, com a cumplicidade dos músicos. Nascia a Come Água (expressão para designar bons tomadores de cerveja), banda que só aceitava tocar em cidades pequenas, de preferência em lugares ainda menores. O repertório? Jimi Hendrix, Rolling Stones, Beatles e a fina flor da Vanguarda Paulistana: Arrigo Barnabé, Itamar Assumpção, Hermelino Neder e Mário Manga.

Com a saída de Rafael Borges, Cesinha, baterista da banda clandestina e da oficial, sugeriu a contratação de Leonardo Netto, empresário de Marisa Monte. Os dois se conheciam bem — Cesinha havia tocado com Marisa durante dois anos —, e o baterista achou que o jeito boa-praça de Leonardo casaria bem com o de Cássia, cansada do excesso de intervencionismo de Rafael, sempre às turras com os músicos.

No início, como previa Cesinha, os dois se deram muito bem. Até Leonardo Netto começar a entender melhor quem era Cássia Eller. Estava acostumado a lidar com estrelas, mas não com a antiestrela em pessoa. Cássia era diferente de todos os artistas com quem ele tinha trabalhado até então. Quando o empresário chegou, a cantora estava completamente envolvida com a agenda de shows da Come Água.

E o que isso significava? Que ele não podia fechar uma temporada no Palace, a badalada casa de espetáculos de São

Paulo, porque Cássia havia decidido se apresentar durante uma semana num pé-sujo em Araruama, no interior do Rio. Quando ela, enfim, era convencida a deixar um pouco a clandestinidade de lado, criava-se um novo problema. Cássia queria se apresentar com o mesmo figurino usado nos shows da Come Água: bermuda, chinelo e camiseta.

"Eu nunca tive essa coisa de usar roupa bacana e mais transada, mesmo porque eu tenho um jeito bem esculachado. Não gosto de roupa, adoro andar pelada. E as minhas roupas, quanto mais velhas, melhor. Eu desde pequenininha só me visto como menino. Nunca gostei de usar vestido, biquíni, saia. Sempre me vesti como menino."[6]

Com jeitinho, Leonardo a convenceu a colocar uma roupa mais transada. No primeiro show da temporada de *Todo veneno vivo*, no Palace, Cássia subiu no palco com um figurino desenhado pela estilista contratada pelo empresário. Na terceira música, já estava praticamente nua. Havia rasgado toda a parte de cima.

Leonardo também tentou convencê-la a parar de simular coçar o saco durante as apresentações, por achar que o gesto, sempre repetido, já havia se tornado caricato demais. Não adiantou.

"Eu sou uma pessoa que não liga muito pra ser mulher nem pra ser homem, não. Eu esqueço às vezes dessa separação homem/mulher, sabe? A gente é os dois, uai! Não tenho pinto e saco, mas a gente é as duas coisas, o cérebro é igual, tudo funciona da mesma maneira, a gente sente as mesmas coisas."[7]

Em março de 1998, Leonardo chamou Cássia para uma conversa. Ela tinha que fazer uma escolha: ou mantinha a agenda de shows da Come Água pelo interior do Rio ou aceitava renunciar aos compromissos com o grupo clandestino para abrir as duas apresentações dos Rolling Stones no Brasil, marcadas para 11 de abril, no Rio, e 13 de abril, em São Paulo.

Leonardo explicou que Cássia cantaria por meia hora, antes da entrada de Bob Dylan, o convidado de luxo da turnê mundial *Bridges to Babylon*. E que ela deveria respeitar uma série de regras impostas pelo staff dos Stones. E que, pelo amor de Deus, ela não entrasse no palco de bermuda e camisetão até os joelhos, como havia feito no último show da Come Água, numa boate em São Pedro da Serra. Eram os Stones, porra.

Cássia exultou com a oportunidade. "Tô no céu com a bunda de fora."[8] Tinha adoração pela banda inglesa. Os Beatles haviam entrado em sua vida primeiro, ainda na adolescência, mas os Stones a conquistaram por conta da postura mais rebelde. Ela se identificou principalmente com Keith Richards, de quem virou fã incondicional depois de assistir ao filme *Chuck Berry: o mito do rock*, documentário em que o velho roqueiro toca com vários convidados, entre eles o guitarrista, produtor do encontro.

"Assim, [vi] umas duzentas vezes e pirei nesse cara. Ele tem um jeito muito estranho de tocar guitarra. Adoro os riffs dele. Quando toco violão, penso no jeito dele tocar."[9] Cássia aceitou cumprir todas as regras, mas se recusou a entrar no oba-oba.

Eu nunca tive essa coisa de usar roupa bacana e mais transada, mesmo porque eu tenho um jeito bem esculachado. Não gosto de roupa, adoro andar pelada. E as minhas roupas, quanto mais velhas, melhor.

Eu desde pequenininha só me visto como menino.

"Não vou falar nada com eles [Stones], nem sei o que dizer. Acho que até vou deixar um bigode crescer pra me disfarçar."[10]

Cássia era uma das convidadas da festa em homenagem à banda inglesa, promovida na mansão do empresário Olavo Monteiro de Carvalho, em Santa Teresa. Os convites foram disputados a tapa. Caetano Veloso e Gilberto Gil compareceram com as respectivas esposas, Paula Lavigne e Flora Gil, a modelo Luciana Gimenez deu um jeitinho de entrar (foi no rega-bofe que ela conheceu Mick Jagger), mas Cássia não deu as caras.

Preferiu se concentrar no repertório do show, um apanhado da turnê *Todo veneno vivo*, com alguns acréscimos: o riff da guitarra de "Satisfaction" e trechos da letra "Let's Spend the Night Together", dois grandes sucessos dos Stones, na interpretação de "Pro dia nascer feliz", do Barão Vermelho.

Pelas regras, Cássia e banda ocupariam uma parte mínima do imenso palco — 54 metros de largura, 26 de profundidade e 25 de altura. A cantora e os músicos podiam circular apenas pelos espaços demarcados. Diante de qualquer desobediência, o show seria imediatamente interrompido e cancelado. E foi exatamente isso que aconteceu, como conta o guitarrista Waltinho Villaça, em depoimento ao autor:

"A Cássia tinha aquele jeitão, de não aceitar o que empurravam pra ela, de mudar tudo em cima da hora, principalmente quando estava no palco, mas sempre foi muito disciplinada. E cumpriu tudo que havia sido exigido pela equipe dos Stones, um monte de cara mala, mais estrela do que as próprias estrelas.

Foi um puta show. Cássia arrasou. Cantou pra caralho. Quando já estava quase acabando o show, ela repetiu o gesto que havia virado uma marca de suas apresentações: o momento de cuspir água em direção à plateia. Ela dizia que ficava com vontade de arrotar toda vez que alguém dava água pra ela beber durante o show. A Cássia acabou brincando com isso, transformando num lance meio teatral, de colocar tudo pra fora. Só que, como o palco dos Stones era gigantesco, na hora que ela foi cuspir, a água caiu em cima de um dos ventiladores do Mick Jagger, acionados pra ele ficar com o cabelo balançando enquanto cantava. Os caras ficaram putos. Acharam que Cássia tinha cuspido de propósito. Começaram a xingar em inglês. Alguém disse pra ela repetir aquilo de novo. Depois de duas músicas, nova chuva de cuspe. Dessa vez numa caixa de som dos caras. Aí não teve jeito. Apagaram todas as luzes do palco. Foi um arrastão. Quarenta caras arrancando tudo que é fio, levando instrumento pro fundo do palco. Como estava no fim do show, ninguém percebeu nada na plateia. Só a gente. A Cássia ficou muito puta."

Leonardo Netto entrou em ação. O empresário conversou com o mandachuva do staff dos Stones, explicou que tudo não havia passado de um mal-entendido. Cássia jamais cometeria a grosseria de cuspir em cima do ventilador do ídolo Mick Jagger. Quando soube da confusão, o vocalista dos Stones, que havia adorado o show de Cássia, fez questão de convidar a cantora para ir ao camarim da banda na apresentação em São Paulo.

Waltinho Villaça conta:

"Cássia entrou em pânico. Ela detestava essa história de ir ao camarim de artistas que admirava. Na verdade, ela não entrava no camarim de ninguém. Era muito tímida pra isso. E aí se criou mais um impasse com o Leonardo Netto. Ele, claro, tentou convencer Cássia de que seria um momento marcante da sua carreira, tirar uma foto com os Stones e com Bob Dylan no camarim dos caras. Todos abraçados, celebrando juntos a turnê. Cássia disse que não iria. De jeito nenhum. Leonardo ficou puto, chateado. No dia do show em São Paulo, um gringo entra no nosso camarim, com três seguranças atrás, conversa alguma coisa com o Leonardo, que arrasta a Cássia pra um canto. 'Porra, Cássia, os caras querem fazer uma foto com você. Os cinco Stones e o Bob Dylan. Você vai negar? É só uma foto. Você não precisa ficar lá. Faz e sai fora.' Cássia balançava a cabeça, dizendo que não iria, e o gringo, provavelmente o manager dos Stones, incrédulo, não entendendo nada. 'Quem é essa maluca que está se recusando a tirar foto com os caras?' Depois de muita insistência, acabou indo. Cinco minutos depois, já estava de volta. Eu perguntei: 'E aí, fez a foto?'. E ela: 'Sim, fiz. Abracei o Keith Richards por trás e apertei o pau dele. Ele riu'. Essa foto não saiu em lugar nenhum. Acho que o gringo do staff mandou apagar."

Cássia vivia a melhor fase da vida. Limpa, sem beber nem cheirar, passava o dia em casa com Chicão e Eugenia, saindo só para os compromissos profissionais. Uma rotina totalmente caseira. "Minha rua, em Ipanema, mudou de mão três vezes e eu não vi."[11] O trio logo deixaria o apartamento da Rua Nascimento Silva.

Leonardo Netto conseguiu renovar com a PolyGram em condições bem melhores. Cássia havia passado a dever mais discos para a gravadora, depois de ter o parto financiado pela companhia. O empresário conseguiu convencer os diretores de que tudo era uma injustiça.

Eugenia convenceu Cássia a comprar um apartamento para que a família saísse do aluguel e pudesse viver com mais segurança. Os três foram morar numa cobertura no bairro do Cosme Velho. Por iniciativa de Cássia, o imóvel passou por uma pequena reforma. No lugar da piscina, aterrada, foi construída uma pista de skate para Chicão.

A compra de um imóvel próprio não deu tranquilidade a Cássia, que passou a ter uma série de obrigações, como ajudar parte da família. Altair, o pai, vivia duro — os intermináveis casos de indisciplina o impediam de crescer na carreira militar. Aposentado como sargento, recebia uma miséria e mal conseguia pagar as contas. A filha famosa segurou a barra muitas vezes.

Para ter mais segurança financeira e se livrar do excesso de ingerência das gravadoras, fazer o que lhe desse na telha, como, por exemplo, tirar o pé do acelerador quando achasse conveniente, Cássia sonhava com uma carreira 100% independente:

"Quando eu renovei o contrato da PolyGram dois anos e meio atrás, eu ganhei uma grana e comprei esse apartamento que eu moro, mas eu vivo realmente é de fazer shows e de vendagem de disco que é aquela escravidão, né? Tem não sei quantos por cento de 'royalties'. É uma merda, não dá, não dá. E eu tô achando cada vez mais que a tendência dos artistas é abrir sua própria gravadora, ter seu próprio escritório. Eu estou pensando seriamente nisso. Eu achava que era muito difícil de se fazer isso, e não é tão difícil assim. Eu conheço outros produtores, empresários, nesse esquema. Tem agora o Lobão, tem muita gente fazendo isso, e tá dando certo. Sabe, porque você vende e não ganha nada do que você vende. Eu não entendo essa matemática. Eu tô me afastando disso e espero em breve abrir a minha própria gravadora. Eu não vou vender mais de 100 mil discos fazendo isso, tendo meu próprio escritório, mas os 30 ou 50 mil discos que eu for vender, a grana vem toda pra mim."[12]

Com mais tempo em casa, Cássia passou a exercitar o lado compositora. Até então, havia escrito poucas canções. Nesta fase compôs bastante, mas não mostrou, por vergonha, nada a ninguém, com exceção de uma música, entregue para Arnaldo Antunes fazer a letra. Ele fez, mas Cássia, por insegurança, se recusou a gravá-la. Preferia sempre o repertório dos outros.

Na época, estava mergulhada no trabalho do espanhol Camarón de La Isla (1950-1992), o compositor que havia revolucionado a canção espanhola com o disco *La Leyenda del Tiempo* (1979), considerado por conta de suas ousadias e experimentações sonoras o "Sgt. Pepper's [o cultuado disco dos

E eu tô achando cada vez mais que a tendência dos artistas é abrir sua própria gravadora, ter seu próprio escritório. Eu estou pensando seriamente nisso.

Eu não vou vender mais de 100 mil discos fazendo isso, tendo meu próprio escritório, mas os 30 ou 50 mil discos que eu for vender, a grana vem toda pra mim.

Beatles] da música flamenca". Cássia pirou com a mistura de rock, jazz e música oriental. E também com o jeito de cantar de Camarón.

"O Camarón está mudando meu jeito de cantar, aprendi umas escalas muito legais e estou mais perto da melodia. Antigamente eu gostava do meu jeito floreado, com excesso de notas. Hoje fico meio incomodada de me ouvir."[13]

Mesmo antes de conhecer o trabalho de Camarón, Cássia já havia sido alertada pelo filho Chicão, fã do minimalismo de Marisa Monte, sobre os excessos de floreios vocais. O menino de 5 anos continuava dando conselhos. Agora queria que a mãe cantasse como Nara Leão no disco *Saltimbancos*, que ouvia sem parar.

Cássia absorvia tudo, cantava cada vez melhor, tornando-se uma unanimidade na música popular brasileira. Gilberto Gil havia dedicado *Quanta* a ela, e o novo amigo Nando Reis não via a hora de continuar aquela conversa.

CAPÍTULO 10

A APRENDIZ E O FEITICEIRO

O SEGUNDO SOL

QUANDO O SEGUNDO SOL CHEGAR
Para realinhar as órbitas dos planetas
derrubando com um assombro exemplar
O quê os astrônomos diziam se tratar de um out

Não digo que não me surpreendi
Antes que eu visse você disse
e eu não pude acreditar
Mas você pode ter certeza
que o seu telefone irá tocar
em sua nova casa
que abriga ~~o sol~~ TRILHA
agora incluída nessa minha conversão

Eu só queria te contar
que eu fui lá fora
e vi dois sois num dia
e ~~ainda~~ vida que ardia
sem explicação

Na primeira vez que esteve com Nando Reis na casa de Marisa Monte, na época namorada do então baixista dos Titãs, Cássia, como de costume, não abriu a boca. Tão tímido quanto ela, Nando achou graça — ele não era o único bicho do mato da música brasileira. Ela limitou-se a ouvir, sem esboçar qualquer reação, o que ele tinha a cantar: músicas inéditas da ainda embrionária carreira solo. O músico só deixaria os Titãs em setembro de 2002, dez anos depois desse primeiro encontro com Cássia.

Ela entrou muda e saiu calada, mas gostou do que ouviu, principalmente das canções de amor. Entre elas, "E.C.T.", parceria de Nando, Marisa Monte e Carlinhos Brown, gravada no disco homônimo solo do titã, lançado em 1994. Cássia também curtiu a voz do baixista, que ela já conhecia de alguns sucessos dos Titãs, como "Família" e "Marvin". Com o tempo, já íntimos, Cássia o chamaria de "meu cantor desafinado preferido".

Não se falaram mais depois do encontro na casa de Marisa. Mas, em 1998, envolvido com as gravações do segundo disco acústico dos Titãs, *Volume dois*, Nando passou uma temporada no Rio. Aproveitou a estadia na cidade para ensaiar com os músicos que o acompanhavam nos projetos solo. Dois deles também tocavam com Cássia: o baixista Fernando Nunes e a percussionista Lan Lanh.

Nando e os músicos se reuniram na casa do baterista Renato Massa, em Santa Teresa. Nunes e Lan Lanh chegaram acompanhados de Cássia, que disse um "oi" e foi para um canto. De lá não saiu mais. O ensaio acabou, o baixista dos Titãs foi para o hotel e, ao ouvir a gravação do ensaio, ficou surpreso ao notar o som de um violão a mais.

Era Cássia, que havia tocado em quase todas as músicas, escondida atrás de uma caixa de som.

A partir daí quebrou-se o gelo — por iniciativa de Nando, que estendeu a temporada carioca e passou a frequentar quase diariamente o apartamento de Cássia, no Cosme Velho. Os dois se apaixonaram. De maneiras diferentes. Ela pelo amigo e autor de lindas canções de amor. Ele até pelo jeito de respirar de Cássia.

Nando conta, em depoimento ao autor:

"Eu não sei separar as coisas. Não separo a admiração pela artista da admiração pela pessoa. Pra mim, as coisas estão todas ligadas. Eu me apaixonei pela cantora e pela mulher Cássia Eller. Tínhamos muitas afinidades. A timidez, o senso de humor, a maneira de viver, de pensar. Somos também da mesma geração, o que também facilitou a aproximação artística, o meu trabalho como produtor. E Cássia era uma mulher muito bonita, muito atraente. Eu fiquei muito apaixonado, mas o nosso ponto de interesse passou a ser música. Por conta dessas afinidades, tudo fluía com muita facilidade, de forma prazerosa. E acho que isso fez muito bem a ela. Porque nem sempre Cássia conseguiu trabalhar com quem ela gostava, com quem tinha esse grau de afinidade artística."

Naquele momento, era mesmo pouco provável que Cássia topasse um relacionamento com Nando. Ela estava dividida entre dois grandes amores, o de Eugenia, a mulher para toda a vida, e a namorada da vez, a percussionista Elaine Silva Moreira, mais conhecida como Lan Lanh.

Cássia já estava de olho na garota baiana fazia tempo. Tinha visto Lan Lanh tocar várias vezes nos shows de Marisa Monte. Com muitos amigos em comum, elas se aproximaram pra valer ao descobrirem uma paixão em comum: o interesse por música flamenca, principalmente por Camarón de La Isla.

Na estreia da turnê do disco *Veneno AntiMonotonia* no Canecão, Lan Lanh entrou para dar uma canja tocando cajon, instrumento de origem peruana, e não saiu mais. Diferentemente do que sempre acontecia quando Cássia se envolvia com alguém, ela não contou nada para Eugenia. Sabia que dessa vez a reação da companheira seria diferente. Elas tinham um filho e responsabilidades na criação da criança. Eugenia conta, em depoimento ao autor:

"Cássia sempre me contou tudo, menos a história dela com a Lan Lanh, que ela me escondeu durante um bom tempo. Porque teve uma época em que eu falei: 'Porra, cansei. Já tem tantos anos que a gente está nessa vida. Tu fica pra lá e pra cá e tem o Chicão agora. Vamos dar uma acalmada aqui. Dar uma atenção pro menino'. Não existe essa história de que a Cássia, com a maternidade, virou uma santa. De jeito nenhum. Continuou a mesma moleca, a mesma coisa de sempre, a mesma desvairada (risos). A principal mudança, depois que ela virou mãe, foi na maneira de cantar. Aí, sim, houve uma mudança. Ela ninava o Chicão cantando o repertório do novo disco da Marisa Monte [*Verde, anil, amarelo, cor-de-rosa e carvão*]. Passou a mudar o tom da voz, e isso influenciou na maneira de cantar. Um cantar mais suave, mais calmo. O canto ficou mais tranquilo, mas a vida dela, não. Continuou aquele turbilhão. E eu tinha que fazer o papel de chata, da pessoa que cobrava. Nunca tinha feito isso, deixava a Cássia completamente solta. Mas com o nascimento do Chicão mudou tudo, né? Eu precisava de uma mão, estava sobrecarregada. A chegada do Nando ajudou um pouco. Porque ele vinha pra cá e se trancava por horas no quarto com ela. Não sei o que eles faziam lá dentro, mas pelo menos Cássia passou a ficar mais em casa."

Cássia e Nando se entrosaram tanto que ele foi chamado para produzir o novo disco da cantora, o primeiro depois da renovação de contrato com a PolyGram, já incorporada à nova gigante do mercado fonográfico, a Universal Music. O desejo de Cássia era gravar um disco só com canções de Nando, ideia barrada imediatamente pelo próprio compositor, que achou que era chegada a hora de a cantora gravar um disco com músicas inéditas e não mais um tributo a um só artista, como no álbum em homenagem a Cazuza.

Para Nando, seria um bom momento para Cássia se livrar de alguns estigmas. Ela era muito mais do que a artista sapatão que cuspia e coçava o saco, identificada com um repertório roqueiro, com uma pegada para o blues. Tudo isso havia sido importante em sua carreira, sobretudo para criar uma identidade.

Mas Cássia não era só aquilo. Era uma intérprete sofisticada, com um conhecimento musical profundo, capaz de cantar qualquer gênero musical com enorme refinamento. Portanto não seria preciso forçar a barra para que ela virasse outra cantora. Bastava Cássia ser ela mesma. E eram muitas numa só. A artista joãogilbertiana capaz de passar dias trancada num quarto em busca da perfeição, a roqueira movida a improvisos ou a vanguardista louca por experimentações.

Com pouca experiência, Nando chamou Luiz Brasil, um dos mais inventivos músicos brasileiros, guitarrista de sua banda, para dividir a produção do disco. Luiz também tocaria no álbum, assim como outros músicos incorporados ao grupo que já acompanhava a cantora havia muitos anos, todos amigos íntimos. As novidades mexeram com Cássia, que surtou no primeiro dia de ensaio, como conta Nando, em depoimento ao autor:

"O primeiro ensaio foi um desastre. Cássia chegou insegura, ao mesmo tempo desconfiada, irritada. Não era a galera com que ela estava acostumada a tocar. Tinha uma turma nova, e isso causou um grande desconforto. Nada deu certo nesse dia. Num determinado momento, ela gritou: 'Aqui tá cheio de paraquedista!'. Foi o jeito dela de demonstrar o incômodo com a falta de entrosamento com os caras que ela não conhecia. Eu lembro do Paulo Calasans, um dos músicos novos, me olhando com cara de assustado. Eu percebi que não era o momento de falar nada. Nessa noite, já no hotel, escrevi a segunda parte de 'Meu mundo ficaria completo (com você)', faixa que acabaria servindo de inspiração para o título do disco. No dia seguinte, liguei pra Cássia, pedi pra ir até a casa dela. Abrimos uma cerveja e fui direto ao ponto. 'Cássia, se você quiser mudar tudo, chamar outro produtor, dispensar os músicos que eu trouxe, vá em frente. O disco é seu. Agora, se você decidir continuar do jeito que planejamos, confia em mim, que eu sei o que estou fazendo.' A partir dessa conversa, tudo fluiu maravilhosamente bem."

O disco *Com você... meu mundo ficaria completo* foi de Cássia, como Nando prometeu, o que não significou que ela tivesse gravado apenas o que tinha vontade. Se dependesse dela, um dos maiores sucessos do álbum e da carreira (com mais de 100 milhões de streams no Spotify) ficaria na gaveta para sempre. Cássia não gostava de "Palavras ao vento". Mas aceitou gravá-la, por insistência de Nando e Luiz Brasil.

Nando conta que a canção virou a música da discórdia. Primeiro, porque foi gravada a contragosto por Cássia. Segundo, porque os autores, Marisa Monte e Moraes Moreira, não gostaram da pequena mudança no compasso, no tempo da música, feita por Nando. Ficaram ainda mais irritados ao comparecerem ao show de estreia do disco, no Canecão. Sentados na mesa da primeira fileira, esperaram a interpretação de Cássia, que não veio. Como forma de protesto, ela havia decidido excluí-la do repertório da turnê.

Ao contrário de "Palavras ao vento", Cássia quis gravar "Baby Love", música inédita de Nando, mas não conseguiu. Leonardo Netto, o empresário, achou a letra muito vulgar. O próprio Nando reconheceu que a música estava fora de sintonia com as outras canções do disco e, por isso, não comprou a briga de Cássia. Ela lamentou. Achava que a música tinha tudo a ver com ela. Leonardo Netto é que estava sendo puritano demais:

> My, my baby love
> Hoje pra você quero dar
> Vai, vai, vai me fuder?
> Duas pernas de frente enormes
> Tão abertas quentes pra devorar bem macio
> Cê vai gostar, é muito bom!

Gilberto Gil, que havia dedicado o disco *Quanta* a Cássia, a presenteou com uma canção inédita, "Pedra gigante", composta em parceria com Bené Fonteles. Nando sugeriu, e Cássia achou ótimo, que ela convidasse Nanci Eller para gravarem juntas esta canção. Seria uma homenagem à mãe, impedida de seguir a carreira de cantora em Belo Horizonte por conta do machismo do marido.

Nanci chegou nervosa ao estúdio. Nando e Luiz Brasil acharam melhor dizer que era apenas um ensaio, que nada seria registrado, para diminuir a pressão. Na verdade, nem seria preciso. Nanci não desafinou em nenhum momento, gravando tudo de uma vez só, sem precisar repetir.

Cássia não ficou surpresa, sabia com que tipo de cantora estava lidando. "Ela era cantora antes de casar com meu pai. Foi quem me ensinou tudo, cantava Dolores Duran, Maysa. Fiquei emocionada, e ela, supernervosa. Não sabia nem pôr o fone, mas gravou de primeira."[1]

No estúdio, Nanci acompanhou a gravação de Cássia para "Gatas extraordinárias", a canção de Caetano Veloso feita especialmente para o disco. Passados seis anos do primeiro encontro com o compositor baiano — na festa de um ano de Zeca Veloso —, Cássia já era, segundo Caetano, uma das grandes da música brasileira. À altura, por exemplo, de Dolores Duran.

Para Caetano, não havia dúvida: "Cássia é uma das maiores cantoras brasileiras de todos os tempos. Nela está o espírito de Aracy de Almeida e Carmen Costa, de Maysa, Dolores Duran e Almira Castilho. Não é por acaso que seu rock'n'roll se refere ao flamenco, à canção francesa mais visceral e ao blues. Cássia é verdade pura".[2]

Cássia ganhou de outro ídolo, Luiz Melodia, mais uma canção inédita, "Esse filme eu já vi", faixa que fecha o disco e que quase não fez parte do repertório. Melodia prometeu, mas enrolou até que os dois se encontraram numa festa.

"O dia estava quase amanhecendo, e nós quase lambendo o chão. Quando fomos tomar a saideira num boteco, eu lembrei da música. 'Eu já não mandei?', ele perguntou. Aí ficamos reclamando da vida. Três dias depois, a Jane [mulher de Melodia] me ligou e disse que ele ia entregar a música. E no dia seguinte ele entregou [a parceria com Renato Piau]."[3]

Incensada por gente como Caetano, Gil e Melodia, Cássia, a partir do disco produzido por Nando, o mais comercial de sua carreira, começou a ser vista com outros olhos pela imprensa especializada, que até então era só elogios. Para quem passou a criticá-la, a artista Cássia tinha perdido o viço, vitimada pelo excesso de ingerência dos dois produtores, que tinham feito todo o possível e o impossível para torná-la mais palatável.

"O projeto de suavização da imagem de Cássia, aparentemente alheio a ela própria, cabe num Brasil esquisito, em que as fronteiras estão se diluindo e tudo está ficando despriorizado. Se o projeto é tornar Cássia Eller mais acessível e, por consequência, vir a vender os milhões que ainda não vendeu, há aí um certo desrespeito pela imagem que a artista veio criando até aqui. É um equívoco",[4] escreveu Pedro Alexandre Sanches, crítico da *Folha de S.Paulo*.

Não era "alheio a ela própria". Cássia sabia o que estava fazendo. Engoliu um ou outro sapo, como o veto a "Baby Love" e a insistência por "Palavras ao vento", mas tudo rolou do jeito que ela queria. Cássia nunca esteve tão à vontade num estúdio. O entrosamento com Nando melhorou até a relação com Leonardo Netto, conflituosa pelos motivos de sempre.

A foto de capa de *Com você... meu mundo ficaria completo*, em que Cássia aparece de calcinha, vestindo apenas um camisetão, foi uma vitória dela — e não de Leonardo Netto, que acabou cedendo. A ideia é que ela experimentasse as roupas da figurinista contratada pelo empresário e também colocasse um aplique no cabelo. Ela não gostou de nada, só do aplique, que ficou. Jogou as roupas fora e pediu emprestada a camiseta do fotógrafo.

Leonardo conseguiu pelo menos que ela se produzisse para o ensaio das fotos do encarte do LP. "Abri mais o leque. Claro que a linha de pensamento do empresário influencia. Ele está fazendo com que eu me preocupe mais com minhas obrigações, pense mais, pondere mais. Sempre tive pavor de tudo isso, mas, com a psicologia infantil e animal dele, nem está sendo sofrido."[5] Cássia, porém, admitia o receio de perder o controle das coisas, caso a ingerência externa aumentasse. "Tenho medo. Mas por enquanto estou no jeito."[6]

No novo disco, Nando entrou com quatro canções, entre elas a faixa de abertura, "O segundo Sol", um dos maiores sucessos da carreira de Cássia. Se estava de fato em curso, o projeto de

A guitarra que sobra no final de "Um branco, um xis, um zero" imita Nirvana, é em homenagem ao Chicão. **Quando ele ouviu, falou: "Mãe, isso parece Nirvana!".**

"suavização" da cantora não era tão engenhoso assim — ou ela não permitiu que se completasse. Mais uma vez, ela gravou uma canção de Itamar Assumpção — a inédita "Aprendiz de feiticeiro" — e uma do não tão conhecido Luiz Capucho, com o sugestivo título de "Maluca".

Nas entrevistas de divulgação de *Com você... meu mundo ficaria completo*, Cássia, um pouco menos lacônica — mais uma guerra vencida por Leonardo Netto —, apontou, além de Nando, outra grande inspiração do disco:

"A guitarra que sobra no final de 'Um branco, um xis, um zero' imita Nirvana, é em homenagem ao Chicão. Quando ele ouviu, falou: 'Mãe, isso parece Nirvana!' [...] Pensei muito no Nirvana pra gravar. É engraçado, porque é um disco suave, não parece. Mas não acredito mais em bons cantores, prefiro os maus cantores. Kurt Cobain não cantava bem, mas dizia tudo."[7]

Um ano depois, diante de milhares de pessoas, Cássia, com corte moicano pintado de loiro, diria tudo e mais um pouco numa histórica e visceral interpretação de "Smells Like Teen Spirit", do Nirvana. "Se deixar de ser agressiva, eu morro."[8]

Suavização é o cacete.

CAPÍTULO 11

PÓ, BARALHO E FUTEBOL

REGRAVA

O FOLE RONCOU L. G.

COMADRE João Bosco / Aldir Blanc

SONHEI QUE VIAJAVA COM VOCÊ Itamar Assum

PARTIDO ALTO Chico Buarque

NÃO SEI O QUÊ QUE EU QUERO Hermelino e Arr

LUZ DOS OLHOS Nando Reis

ABRA O OLHO G. G.

MENINA GOIABA G. G.

COME TOGETHER Lennon McCartney

FIO MARAVILHA Jorge Ben

PARDON MY HEART Neil Young

Depois de meses trancada no estúdio para gestar *Com você... meu mundo ficaria completo*, a abstinência de palco havia atingido níveis insuportáveis. Cássia não via a hora de voltar a fazer shows. Ficar livre das aporrinhações de sempre, dos palpites da gravadora, do empresário, dos produtores, dos arranjadores, dos técnicos de som, dos compromissos maternos (Eugenia que se virasse com Chicão), para curtir a melhor parte — para ela — de ser artista: juntar-se aos amigos músicos, à namorada Lan Lanh, entrar numa Kombi e cantar nos lugares mais improváveis do Brasil.

E havia mais um motivo para voltar logo aos palcos, esse nem tão importante assim para Cássia: dinheiro. O ganha-pão eram os shows. Compositora bissexta, o que ganhava de direitos autorais não dava nem para pagar a conta de gás. Que, aliás, estava atrasada, assim como a escola de Chicão, o condomínio e outros boletos. Generosa, ajudava o pai, a mãe, as irmãs e até parentes mais distantes que lhe pediam socorro financeiro.

Cássia achou o melhor jeito de pagar as contas: reativar a banda Come Água. Pelo menos foi isso que ela disse para Eugenia quando voltou com o projeto. A cantora levava tão a sério o projeto clandestino que decidiu contratar, sem o consentimento de Leonardo Netto, uma empresa só para cuidar dos shows paralelos: a Olhaí Produções.

Administrada por dois grandes amigos da cantora, Felipe Casqueira e Ronaldo Villas, a empresa agenciava os shows da banda A Bruxa, cria do circuito underground carioca, frequentado por Cássia desde sua chegada ao Rio, no começo dos anos 1990. De tanto dar canja nos shows d'A Bruxa, cantando covers de Jimi Hendrix, ela virou madrinha do grupo e amiga do peito de Felipe e Ronaldo.

Os dois marcaram muitos shows para a Come Água no interior do Rio, em cidades pequenas. O cachê? Cinco mil reais. Dez vezes menos do que Cássia ganhava para cantar em espaços como o Palace e o Canecão.

Como Cássia havia combinado de repassar 20% do arrecadado para a Olhaí Produções e dividir o restante, em partes iguais, para ela, os músicos e a equipe técnica, todo mundo trabalhava praticamente de graça. Só pela diversão. Os boletos continuavam atrasados.

E ninguém reclamava. Muito menos Cássia. O importante era a farra. Viajar com os melhores amigos, os músicos da sua banda, cantar, namorar, jogar futebol, cacheta e truco, beber e cheirar. Eugenia não achou a menor graça. Se a intenção era melhorar a renda da família, fazendo mais shows, onde estava o dinheiro?

No começo da carreira de Cássia, Eugenia topava quebrar o galho de vez em quando, participar em situações pontuais, em negociações com gravadoras e empresários. Com o nascimento de Chicão, ela não tinha mais tempo para ser babá de artista. Tinha um filho pra criar. Eugenia conta, em depoimento ao autor:

"A gente sempre delegou as coisas da carreira da Cássia. Ela não entendia nada de nada, eu também não. Eu tinha horror à ideia de fazer esse papel. Na época, toda cantora sapatão tinha uma namorada que queria mandar em tudo. Eu achava isso estranhíssimo. Como essa gente consegue misturar tudo? A convivência já é difícil, imagina trabalhar junto? Por isso mesmo, minha ingerência sempre foi próxima de zero. Só quando Cássia precisava muito, pedia muito: 'Ah, tô puta com esse empresário aqui, não quero. Vamos comigo lá na gravadora, por favor'. Mas isso foi mais no começo. Depois que ela deslanchou, eu vim ser dona de casa. Depois que o Chicão nasceu, principalmente, eu não interferi mais no trabalho. E mesmo que quisesse, não daria conta. Se nem os empresários, todos muito experientes, não davam, imagina eu, resolvendo os pepinos da Cássia?"

E a Come Água na estrada. Não demorou para dar confusão. Com o sucesso do disco *Com você... meu mundo ficaria completo*,

Cássia já não podia se dar ao luxo de passar despercebida, mesmo que fizesse o possível para ficar na surdina.

Havia um acordo com os meninos da Olhaí Produções: divulgar o menos possível os shows de Cássia com a Come Água. Afinal, estavam todos na clandestinidade. Os contratantes eram alertados sobre as regras. Espalhar cartazes com a foto da cantora pela cidade, nem pensar. Proibição que se estendia para qualquer outra forma de propaganda.

O veto também funcionava como uma medida de segurança. Como os espaços eram pequenos, era só quando o show começava que o público tomava conhecimento de que a vocalista da desconhecida banda era ninguém menos do que uma estrela da música brasileira. Mesmo assim, muitos deles ocorreram com a casa cheia. Imagina se o público soubesse, antes, que se tratava do projeto alternativo de Cássia Eller?

Foi isso que aconteceu em Penedo, o pequeno distrito de Itatiaia, localizado no extremo sul do estado do Rio de Janeiro, na divisa com São Paulo. Um contratante empolgado não cumpriu nada do combinado e espalhou outdoors com a foto de Cássia em vários muros da cidade e mais alguns pela Dutra, a rodovia que liga as duas metrópoles mais populosas do Brasil.

Por sorte, o show, após a intervenção de Ronaldo e Felipe, foi imediatamente cancelado, por medidas de segurança. O contratante que se virasse para explicar aos pagantes a ausência de Cássia. Não houve tempo de retirar todos os outdoors. Um amigo de Leonardo Netto, viajando de carro de São Paulo para o Rio, viu os cartazes e ligou imediatamente para o empresário "oficial" de Cássia.

Leonardo ficou possesso, mas não comprou briga com Cássia. Nem poderia. Havia tempos que ela se queixava da preferência dada a Marisa Monte, principal artista de Leonardo no escritório responsável por administrar as carreiras também de artistas como Adriana Calcanhotto e Arnaldo Antunes. Cássia se sentia no fim da fila das prioridades de seu empresário. O que piorava ainda mais quando Marisa lançava um disco.

Meses depois da gravação de *Com você... meu mundo ficaria completo*, Marisa lançou o quinto disco da carreira, *Memórias, crônicas e declarações de amor*. Era hora de Cássia pular fora. Juntou-se o útil ao agradável. A Olhaí Produções estava aos poucos saindo do gueto. Ronaldo e Felipe haviam começado a trabalhar com Nando Reis. E por que não com Cássia Eller? O que os dois empresários ofereceram à cantora não era pouco: a Come Água deixaria de existir. Tudo passaria a ser uma coisa só.

Lan Lanh, Waltinho Villaça, Fernando Nunes, Cesinha e Tamima Brasil, a banda titular de Cássia, base da Come Água, caiu na estrada. Ronaldo e Felipe conseguiram a agenda de shows dos sonhos da cantora: rodar o Rio de Janeiro pelo chamado circuito de lonas, projeto cultural patrocinado pelo Secretaria de Cultura, que fez brotar versões menores do Circo Voador em dezenas de bairros do subúrbio do Rio e em pequenos municípios do interior do Estado.

Nenhuma grande estrela da música brasileira toparia um circuito como aquele. O cachê era baixíssimo, mal dava para bancar as despesas. Mas era o que Cássia queria. Ela não suportava a ideia de virar uma diva da MPB, a artista intocável. Ninguém perdeu dinheiro. Pelo contrário. Cássia passou a tocar ainda mais no rádio, a ser verdadeiramente popular, levando o show para gente que não poderia pagar um ingresso no Canecão ou no Metropolitan.

No apartamento do Cosme Velho, os boletos passaram a ser pagos rapidamente. Cássia passou a conciliar o circuito de lonas, que pagava 6 mil reais por apresentação, com a agenda de shows em grandes casas de espetáculo nas capitais. E tome show no Canecão, no Rio; no Palace, em São Paulo; e nas lonas de Bangu, Realengo, Campo Grande e Jacarepaguá.

Uma maratona de shows que fez Cássia popular em todos os segmentos. Um golaço da Olhaí Produções, que, segundo Ronaldo Villas, escancarou os erros estratégicos de Leonardo Netto e os privilégios dados a Marisa Monte. O empresário conta, em depoimento ao autor:

“Começamos a trabalhar oficialmente com a Cássia em julho de 2000. E entendemos logo o que ela queria. Ela dependia de shows para viver, e não só economicamente. Seu barato era estar no palco. Era onde ela se sentia à vontade, onde vencia a timidez, onde virava o Diabo da Tasmânia. E não importava o lugar. Ela queria cantar. E estar com as pessoas de que ela gostava, com a turma dela. Os músicos, os roadies. E o Leonardo

Netto não sacou nada disso. Ele errou muito. Na cabeça dele, a Marisa [Monte] era a fadinha e a Cássia, a bruxa. E, quando a fadinha lançava um disco, todo o escritório se mobilizava em torno dela. A Cássia chegou a ficar seis meses sem fazer shows. E havia outro aspecto que irritava muito a Cássia: a ingerência exagerada no trabalho dela. Ela foi praticamente obrigada a gravar 'Palavras ao vento', da Marisa e do Moraes. Uma imposição do Leonardo Netto. Cássia não gostava dessa música, achava que não tinha nada a ver com ela. O Nando até tentou ajudar, com a história de mudar o compasso original — era uma valsa e ficou com uma pegada mais pop. Não adiantou. Tanto que a Cássia não a cantou em show nenhum da turnê, mesmo nos shows que a Marisa e o Moraes foram assistir. Aí que ela fez questao mesmo de não cantar. Ela adorava a Marisa, que deu muita força pra ela, sobretudo no começo, mas a relação ficou mais distante porque o que mais irritava Cássia era essa coisa de ter que agradar fulano ou sicrano, fazer concessões para manter bons contatos e relacionamentos."

Cássia passou a fazer muitos shows, a grana começou a entrar, os boletos foram pagos, mas havia o outro lado da história. Cair na estrada significava também cair na gandaia. E não havia ninguém para policiar Cássia. Com exceção de Ronaldo Villas, o careta da turma, quase todos os outros integrantes do staff de Cássia, músicos, roadies e o responsável pela logística dos shows, Felipe Casqueira (Ronaldo cuidava mais da parte artística), cheiravam sem parar.

E Cássia alternava momentos de calmaria, quase sempre quando estava num período mais caseiro, sem fazer shows, curtindo Eugenia e Chicão, ou imersa na gravação de um novo disco, com fases de muita loucura. E, com a agenda de shows lotada, ela pisou no acelerador. Marquinhos Futebol, o traficante que atendia artistas e celebridades da zona sul carioca, nunca teve tanto trabalho.

A cantora fez apenas uma exigência a Felipe Casqueira: se a grana estivesse entrando, que ele reservasse suítes presidenciais ou os maiores quartos dos hotéis. Não por luxo — Cassia não ligava para esse tipo de coisa —, mas para poder abrigar todo mundo dentro, os músicos, os roadies e eventuais convidados. Garantido o latifúndio, o quarto virava o bunker da esbórnia.

Uma mistura de cassino de Las Vegas com festa do Cacique de Ramos. Na suíte da anfitriã, cheirava-se muita cocaína, ouvia-se muito samba, jogava-se muito baralho e até futebol, dependendo do espaço. E se fazia churrasco, com duas churrasqueiras elétricas, providenciadas por Felipe.

Durante um show num festival de música em Taubaté, interior de São Paulo, em meio a uma partida de cacheta, tocou o telefone da suíte de Cássia. Era Maria Jucá, empresária de Ana Carolina. Felipe conta, em depoimento ao autor:

"Era uma noite de loucura total. Muito pó, a jogatina correndo solta. Eu mal conseguia entender o que a Jucá falava. Pedi silêncio. Aí consegui ouvir: 'Felipe, a Cássia está ocupada?

A Ana Carolina está na piscina do hotel e gostaria que a Cássia fosse até lá'. Na mesma hora, eu me lembrei da Cássia imitando o jeito empostado da Ana Carolina cantar. Ninguém ali curtia Ana Carolina, muito menos Cássia. Esse era um problema que o Leonardo Netto não conseguiu contornar. Além de detestar qualquer tipo de oba-oba, de frequentar festas de artistas, Cássia nunca foi da turma das 'divas da MPB'. Admirava muitas delas, mas detestava essa coisa de subir no pedestal. Então ela se recusava a fazer esse networking. Tava nem aí. E quando a Jucá fez o convite, eu falei bem alto, tampando o telefone com a mão: 'Cássia, a Ana Carolina está na piscina e quer que você dê um pulo lá'. Ela nem se virou. Estava com o cigarro na boca e com as cartas na mão. Só fez o sinal característico, de quando não queria fazer algo de jeito nenhum: colocava a mão por trás da cabeça e balançava o dedo. Falei pra Jucá que a Cássia estava concentradíssima, ensaiando para o show e que, infelizmente, não poderia ir. E todo mundo se esborrachando de rir."

Quando começou a redigir o contrato da Olhaí Produções com Cássia, Ronaldo Villas quis saber da cantora quais eram as suas exigências como artista. "Só tenho uma: nunca mais quero dar entrevista." Cássia odiava conversar com jornalistas. Detestava qualquer conversa formal sobre qualquer assunto, ainda mais com estranhos. Precisava de muita intimidade para se soltar e, quando isso acontecia, queria falar sobre tudo, menos sobre coisas sérias.

Estigmatizada pela imprensa como uma sapatão desbocada, irreverente, era frequentemente instada a discorrer sobre casamento gay, direitos das mulheres, o que ela também achava um porre. Não tinha nenhuma vontade de levantar bandeiras e muitas vezes se comportava de modo machista, principalmente quando estava na companhia dos músicos da banda, a maioria homens da sua geração, criados de forma parecida.

A contribuição de Cássia se dava no palco. E ela tinha consciência disso. "Não me sinto representante de uma coisa. É mais assim: eu gosto de estar participando das coisas que fazem os outros felizes, de estar contribuindo com a alegria das pessoas, com a felicidade do estado gay das pessoas. Então, por causa de eu falar abertamente disso, é positivo porque já liberta um pouquinho os pensamentos negativos de muita gente."[1]

Ronaldo e Felipe haviam cumprido a promessa de mantê-la o máximo de tempo possível na estrada. Os shows não paravam. Praticamente um a cada três dias. Mais shows, mais dinheiro, mais obrigações. E aporrinhações de todos os tipos. A superexposição começava a cobrar seu preço. E Cássia começava a dar sinais de que não estava disposta a pagar: "Pô, ser feliz é difícil, hein! É muito difícil. Eu tô ficando mais velha, eu vou fazer 38 anos no final do ano, daí tá batendo umas coisas engraçadas. Sei lá, a vida vai ficando mais difícil, e eu achava que ia ficando mais fácil, mas vai ficando mais difícil, cara. Muita responsa, sabe? Essa coisa de eu tá ficando mais conhecida, a

Eu gosto de estar participando das coisas que fazem os outros felizes, de estar contribuindo com a alegria das pessoas, com a felicidade do estado gay das pessoas. **Então, por causa de eu falar abertamente disso, é positivo porque já liberta um pouquinho os pensamentos negativos de muita gente.**

responsabilidade aumenta ainda mais. Eu não achava que fosse assim, não, eu achava que era mais sossegado".[2]

Com muito dinheiro entrando, Cássia se sentiu na obrigação de ajudar a família de forma mais consistente. Uma preocupação que não existia antes, pela incapacidade da cantora de pagar as próprias contas. "É muita gente em torno, entendeu? Trabalhando, eu me preocupo demais. Tem meus pais. Eu sou a única pessoa da minha família que ganha grana. Eu ajudo muito o pessoal da minha família e fico me sentindo muito responsável."[3]

Sustentando-se com a modesta aposentadoria de sargento paraquedista, residindo num conjunto habitacional em Maraponga, periferia de Fortaleza, o pai foi o primeiro a ser ajudado. Divorciado de Nanci desde 1983, Altair Eller havia se casado pela segunda vez, depois de engravidar uma jovem quarenta anos mais nova.

Preocupada com a situação financeira e de saúde do pai — além das prestações atrasadas do apartamento, ele sofria com constantes dores no joelho —, Cássia ofereceu-se para acolhê-lo no Rio. Eugenia quis morrer, mas não reclamou.

Altair, mulher e filho passaram temporadas na casa da cantora, no Cosme Velho, zona sul do Rio. Quando o militar teve que fazer uma cirurgia de implante de prótese no joelho — paga por Cássia —, os 45 dias de convalescença foram cumpridos na residência da artista.

No fim de 2000, exausta da maratona de shows, das responsabilidades familiares, das entrevistas inevitáveis, Cássia

Pô, ser feliz é difícil, hein! Eu tô ficando mais velha, daí tá batendo umas coisas engraçadas. Sei lá, a vida vai ficando mais difícil, e eu achava que ia ficando mais fácil, mas vai ficando mais difícil, cara.

Eu não achava que fosse assim, não, eu achava que era mais sossegado.

ameaçou jogar a toalha. Estava no limite. Um pesadelo passou a ser recorrente. No meio da mata de Santarém, no coração da selva amazônica, ela, Eugenia e Chicão caminhavam de mãos dadas, nus, sem destino, até serem sugados para dentro de um enorme buraco negro.

CAPÍTULO 12

CHEIRANDO A ADOLESCENTE

DISCO 2001

- LUZ DOS OLHOS -

NON, JE NE REGRETTE RIEN -

PARTIDO ALTO -

QUANDO A MARÉ ENCHER -

(~~ENQUANTO ISSO~~ -)

MALUCA

SUTIL -

7/0 MARAVILHA

SGT PEPPER'S LONELY HEARTS CLUB BAND

PRESENTE COTIDIANO

DA ESQUINA

O TEU BEM

MALANDRAGEM

(POR ENQUANTO)

ELES

Chicão custou a acreditar: a mãe seria uma das atrações do Rock in Rio III, o maior festival de rock do país. Mais do que isso: ela se apresentaria no Palco Mundo, o principal do festival, numa das noites mais aguardadas pelo público. Cássia cantaria horas antes do Foo Fighters, o grupo liderado por Dave Grohl, ex-baterista do Nirvana de Kurt Cobain, um dos ídolos de Chicão — e da mãe.

Cássia vibrou com o convite, nem tanto com as condições impostas pelos organizadores do festival. Uma cláusula do contrato a apavorava: a obrigação de comparecer, sempre quando solicitada, a eventos relacionados ao festival, incluindo entrevistas coletivas, festas e coquetéis organizados pelos patrocinadores.

Os compromissos contratuais a incomodaram tanto que Cássia cogitou seguir o caminho de seis bandas brasileiras que, insatisfeitas com o cachê oferecido pela direção, haviam decidido boicotar a terceira edição do Rock in Rio. O Rappa, Cidade Negra, Raimundos, Charlie Brown Jr., Skank e Jota Quest não se conformaram em receber 20 mil reais para tocar no festival, cinco vezes menos que o valor pago à dupla Sandy e Júnior.

O que não seria um problema para Cássia. Ela cantaria de graça ou até desembolsaria uma grana se fosse preciso, desde que não houvesse cobranças e ela precisasse apenas estar no palco na hora e no dia combinados. Nada de aguentar jornalista, de tomar *prosecco* com patrocinador.

Ronaldo Villas e Felipe Casqueira tiveram que arrastá-la para a primeira coletiva de imprensa que anunciava as atrações nacionais do festival. No caminho do Cosme Velho até a Barra da Tijuca, Cássia ameaçou pular do carro mais de uma vez, pegar um táxi até a rodoviária e fugir.

Foi o que ela fez ao chegar à porta da principal sala da Artplan, empresa organizadora do festival. Ao avistar, numa mesma roda, tomando cafezinho, Milton Nascimento, Gilberto Gil e Luiz Melodia, três de seus maiores ídolos na música, Cássia nem cogitou entrar. Deu no pé.

Ronaldo a encontrou sentada no meio-fio da Avenida das Américas, fumando um cigarro. Conseguiu acalmá-la ao explicar que havia conversado com os organizadores do festival e negociado uma troca. Cássia não precisaria participar da coletiva, mas, para compensar a ausência, teria de aceitar ser uma das juradas do concurso "Escalada do Rock", que escolheria oito bandas independentes para tocar no festival. A vencedora conquistaria o direito de abrir o Palco Mundo no último dia do festival, enquanto as outras sete se apresentariam na Tenda Brasil.

As eliminatórias teriam início naquela mesma tarde, logo após a coletiva. Cássia riu. Jurada? Ronaldo só podia estar de brincadeira. O empresário explicou que ela precisaria apenas estar presente e no fim do concurso escolher o grupo do qual havia gostado mais, sem maiores apreciações. E havia um motivo para ela aceitar pagar esse mico: a Bruxa era uma das concorrentes.

Cássia sentiu-se mais à vontade. Além dos rapazes da Bruxa, conhecia e se dava com muitas outras bandas que também estavam na disputa, a maioria formada por amigos de farra do Rio e de Brasília. Tudo correu como combinado. Até a entrada de uma banda gaúcha, no início da terceira eliminatória.

Cássia não conseguiu prestar atenção em mais nada, só na vocalista, uma loira de 1,70m, que parecia a versão brasileira de Sharon Stone, a deslumbrante atriz de *Instinto selvagem*. No meio da eliminatória, Cássia se mandou, de mãos dadas, com a vocalista da banda gaúcha, que não tinha qualquer chance de classificação.

Enquanto Felipe tentava contornar mais uma quebra de contrato de sua artista, Ronaldo ficou com a missão de chamar a atenção de Cássia, algo que detestava fazer. O empresário conta, em depoimento ao autor:

"A Cássia sumiu. Ficou dias com essa loira, cheirando sem parar. E os caras do Rock in Rio ameaçando tirá-la do festival.

De todo mundo que gravitava em torno dela, eu era o único careta. Felipe cheirava também, os músicos, alguns roadies. Então sobrava pra mim fazer esse papel chato, de babá de artista, de ficar policiando, pedindo pra ela tirar o pé, pra maneirar no pó e na bebida, como se isso fosse possível. Não existe essa história de cheirar e beber moderadamente. Com Cássia muito menos. Ela enfiava o pé na jaca. Não queria nem saber. Nesses dias que antecederam o Rock in Rio III, no fim de 2000, Cássia estava muito cansada, mas numa fase profissional ótima, tudo dando certo. Grana entrando, o telefone da Olhaí Produções tocando sem parar. Acho que ela ficou um pouco entediada com tudo tão dentro dos eixos, dando tão certo. Quando fomos conversar, na sede do escritório, ela me chamou de canto. 'Pô, Ronaldão, me deixa. Eu tô precisando de um pouco de confusão na minha vida. Tá tudo muito certinho demais.'"

Ali mesmo Cássia e Ronaldo fizeram um novo acordo. O empresário a deixaria em paz por um tempo, completamente livre dos compromissos contratuais — ele daria um jeitinho de contornar a situação com a organização do festival —, mas, em troca, Cássia teria que cumprir rigorosamente todo o combinado. Ou seja, teria que estar inteira para os ensaios do festival, cuidar da voz e da saúde. O que só seria possível, argumentou Ronaldo, se ela prometesse desistir da ideia maluca de hospedar a loira no apartamento do Cosme Velho. Ela agora era mãe. Não podia mais fazer como na viagem à Alemanha, antes do nascimento do Chicão, quando voltou com uma holandesa a tiracolo e a hospedou no apartamento da Nascimento Silva, em Ipanema.

Eram outros tempos. Eugenia, mãe e pai de Chicão, cheia de perrengue para resolver, dessa vez não acharia a menor graça. Nem Lan Lanh, que andava furiosa com o sumiço de Cássia, e quis matá-la quando soube que a namorada pretendia convidar a banda da gaúcha para uma participação no Rock in Rio. O bicho pegou. A percussionista só sossegou quando conseguiu, ela própria, enfiar a moça num ônibus rumo a Passo Fundo.

Cássia voltou aos poucos à rotina. Ronaldo Villas decidiu levar o piano que havia herdado da mãe, ex-aluna de Heitor Villa-Lobos, para o escritório da Olhaí Produções, no Jardim Botânico. O empresário também providenciou um violão Giannini, algumas garrafas de uísque, dois pacotes de cigarro e outros mimos para a cantora, que fez do escritório sua segunda casa. Ela precisava de confusão, mas também de muita calmaria.

A conexão com Chicão também contribuiu para Cássia entrar nos eixos de novo e se preparar para o maior show da carreira. Ela curtia cada vez mais ser mãe, encantada com o crescimento do filho, que passara a questionar as ausências da mãe, sem que isso significasse qualquer quebra de afeto entre mãe e filho:

"Chicão está cansado de saber, por exemplo, que não sou perfeita. Ele sabe que sou bocó como todo ser humano. Mas respondo a todas as suas perguntas com sinceridade. Não escondo nada do meu filho, e assim surgiu uma confiança forte entre nós. [...] Pra mim, o peso maior [de ser mãe] foi o da responsabilidade. Sempre fui meio moleque e irresponsável, mas uma criança obriga você a ser responsável. [...] Agora acho até legal ter responsabilidade."[1]

Foi de Chicão a ideia de incluir "Smells Like Teen Spirit", do Nirvana, no show do Rock in Rio. Cássia, que já cantava a música em casa e em alguns shows da Come Água, passou a ensaiá-la com o filho de 7 anos. "Ele adorava tocar percussão e queria participar. Aí eu disse a ele: 'Tá bom, então vamos ensaiar'. Eu falava o que ele tinha que fazer, e ele ficava atento. [...] Às vezes ficava com sono e dormia ali, atrás da percussão."[2]

Poucas músicas capturaram tão bem o espírito de uma geração quanto "Smells Like Teen Spirit". Há muitas especulações sobre o real sentido da letra, repleta de metáforas. Teorizações que certamente encheriam de tédio seu autor, Kurt Cobain, que ameaçou uma explicação durante uma coletiva de imprensa:

"Basicamente, é uma música sobre amigos. Nos sentimos como adolescentes ainda porque não queremos seguir os adultos. Ficamos por aí, tentamos nos divertir. O coração da música é zoar a ideia de fazer uma revolução. Mas essa ideia ainda é boa."[3]

Na canção, Cobain expressa a sensação de não estar à altura das expectativas e que, diante dessa constatação, de profundo ceticismo com sua capacidade de reação, resolve jogar a toalha e deixar rolar. "Eu sou pior no que faço de melhor / E por essa dádiva eu me sinto abençoado / Nosso pequeno grupo sempre foi assim / E sempre será até o fim."

Chicão está cansado de saber, por exemplo, que não sou perfeita. Mas respondo a todas as suas perguntas com sinceridade. Não escondo nada do meu filho, e assim surgiu uma confiança forte entre nós.

Paradoxalmente, "Smells Like Teen Spirit" se tornou — para desgosto de seu criador, que se recusava a cantá-la nos shows — o hino do movimento grunge, transformando Kurt Cobain no guru supremo de uma geração, destino igualmente abominado por Cássia.

Ronaldo Villas sugeriu que Cássia abrisse o show do Rock in Rio cantando "Hear My Train A-Comin'", de Jimi Hendrix, acompanhada apenas de seu violão. Para o empresário, ainda existia uma certa desconfiança por parte do mercado fonográfico e da crítica especializada sobre a capacidade da cantora de se livrar dos estigmas que a cercavam desde o início da carreira. Havia ainda quem afirmasse que Cássia mostrava os seios e cuspia em direção à plateia como uma forma de camuflar a insegurança e as limitações artísticas.

Cássia achou a ideia ótima, mas preferiu entrar no Palco Mundo cantando "Por enquanto", da Legião Urbana. Por longos cinco minutos, sozinha com seu violão, mais segura do que nunca, embalou quase 100 mil pessoas, boa parte delas ali para assistir a um dos shows mais aguardados do festival: Foo Fighters, que tocaria pela primeira vez no Brasil.

A ideia de Ronaldo, encampada por Cássia, de iniciar o show de uma noite roqueira só com voz e violão, ignorava por completo o histórico de confusões das duas edições anteriores. No primeiro Rock in Rio, em 1985, os fãs do Scorpions e do AC/DC quase invadiram o palco quando Eduardo Dussek sentou-se ao piano para tocar a valsa "Nostradamus".

Na edição de 1991, o cantor Lobão teve que colocar um capacete para não levar uma pedrada da plateia que estava ali para ver as bandas de heavy metal e não se conformou quando o roqueiro convidou para entrar no palco os integrantes da bateria da escola de samba Mangueira. Naquele mesmo Rock in Rio III, na noite seguinte à de Cássia, o baiano Carlinhos Brown passaria a apresentação inteira se esquivando de objetos jogados pelo público do Guns N' Roses.

Os fãs do Barão Vermelho, do cantor Beck, do Foo Fighters e do R.E.M., as atrações daquele sábado, 13 de janeiro, talvez fossem mais compreensíveis que os intolerantes metaleiros, mas não deixava de ser arriscado Cássia abrir a noite num clima tão intimista. E também pouco prudente seguir com "Partido alto", o samba de Chico Buarque, emendado com uma versão afoxé de "E.C.T.".

Em menos de dez minutos, a plateia já era toda sua, incluindo os grunges ansiosos por Dave Grohl e companhia. Cássia precisou apenas ser ela mesma. Feliz, segura, vestida com o figurino preferido — bermudão, camiseta regata e chinelo (cedidos pela marca Cavalera, sua nova patrocinadora) —, ligou a potência máxima e não fez nada de diferente do que estava acostumada a fazer desde Brasília. Embora todos tenham ficado surpresos no momento em que ela colocou os seios para fora enquanto cantava "Come Together", dos Beatles.

Na coxia, Eugenia viu a companheira enlouquecer o público ao cantar "Quando a maré encher", da Nação Zumbi, enquanto abraçava Chicão e o levava até o palco para acompanhar a mãe, tocando percussão, naquele que se tornaria um dos momentos mais marcantes da história do Rock in Rio: a incendiária interpretação de "Smells Like Teen Spirit". Eugenia conta, em depoimento ao autor:

"Quando o público começou a cantar junto com a Cássia [...], aquela loucura, quase 100 mil pessoas pulando, eu pensei: 'Agora foi. Agora não tem volta'. Aquele Rock in Rio foi muito especial. Não só pela consagração da Cássia como artista, do reconhecimento popular. Era gente pra caramba assistindo, e vendo pela televisão. Ela sempre quis ser popular. Só não queria ter que virar outra pessoa pra ser. O Rock in Rio foi legal, marcante por causa disso. O sucesso sem fazer concessão. Era a banda dela, os convidados que tinham a ver com ela, o pessoal da Nação [Zumbi], o Márcio Melo [compositor e guitarrista de Salvador], o repertório que ela cantava na Come Água. E o bermudão da Cavalera. A Cássia era totalmente Zelig, aquele personagem camaleônico do Woody Allen, que vai se transformando, se vestindo de acordo com as pessoas com quem vai convivendo. Teve a fase da [Luciana] Banana, da Elisa, da Deborah. Ela estava numa fase muito grunge nessa época. E ficou feliz de usar as roupas da Cavalera, que tinham mais a ver com ela do que o figurino empurrado pelos empresários, pela gravadora, pelos produtores. Isso sempre a incomodou muito. E os meninos [Ronaldo e Felipe] sacaram isso. Porque pertenciam à mesma turma. Teve uma época, antes da chegada deles, não lembro se foi na fase Rafael Borges ou já com Leonardo Netto, que a Cássia teve que usar uma blusa preta, com uma coisa alaranjada no fundo. Para ela, era uma espécie de camisa de força — muito feia. Ela gritava: 'Isso parece uma boceta!'. E rasgava tudo. No Rock in Rio não teve nada disso. Era a Cássia sendo 100% Cássia, de cara limpa, sem nenhuma maquiagem."

A performance de Cássia cantando Nirvana surpreendeu Dave Grohl. O baterista chegou a dizer para os jornalistas que aquela havia sido a maior interpretação de "Smells Like Teen Spirit", superior até mesmo à do próprio Nirvana. Com o moral em alta, Cássia passou a ter acesso livre ao entourage do Foo Fighters, colocando em prática um ousado plano: congratular Grohl, à meia-noite em ponto, pelo aniversário de 32 anos.

Um gesto, a princípio, nem tão ousado assim, dada a instantânea admiração do artista pela cantora brasileira. O que tornava a decisão de Cássia uma molecagem estava na forma com que ela havia decidido demonstrar seu afeto ao aniversariante da noite: apertando o seu pau, exatamente como fizera com outro astro do rock internacional, Keith Richards, ao abrir o show dos Rolling Stones no Brasil.

Cássia sabia que, à meia-noite, Dave Grohl provavelmente estaria ainda se apresentando e pediu que Waltinho Villaça, seu guitarrista, naquela altura amigo íntimo de um dos roadies do Foo Fighters, arrumasse um jeito de convencer o técnico a deixá-la entrar no palco e fazer a surpresa ao baterista.

Assim que a banda terminou de tocar "Stacked Actors", Cássia invadiu o palco, seguida da companheira de Grohl, Melissa Auf der Maur, tentando equilibrar, num prato, um bolo de chocolate. Atrás do palco, esborrachando-se de rir, Waltinho gritava: "Aperta o pau dele! Aperta o pau dele!". Em respeito à senhora Grohl, Cássia limitou-se a abraçar o aniversariante.

CAPÍTULO 13

SUJEITO A TROVOADAS

O SEGUNDO SOL
MAPA DO MEU NÁRA } Ligada

APRENDIZ
CORONÉ LIMPAR
GATAS
WOMAN
MALUCA
NÓS LIMPAR
SOY GITANO
COM VOCÊ (andamento)
BRRIGADO / BLUES DA PIEDADE / SÓ AS MÃES
BILLY NEGÃO Pandeiro
NA CADÊNCIA
POR ENQUANTO
SOCORRO
AS COISAS
1º DE JULHO
COME TOGETHER → LIMPAR

PALAVRA DO VENTO

ELA
MALANDRA
ECT
SMELLS

— Não! Já disse que não.

— Mas, André…

— Não!

— Vai dar tudo certo. Eu garanto.

— Por que você tá me enchendo tanto o saco com isso? Ela é sua namorada?

— É!

— Então faz.

André Mantovani, CEO da MTV Brasil, sabia que Anna Butler, diretora de relações artísticas da emissora, não estava de caso com Cássia Eller. Mas parecia, por conta da insistência em convencê-lo a chamar a cantora para gravar um "Acústico MTV", formato desejado por dez entre dez artistas da música brasileira — inclusive por Cássia.

Inspirada no projeto *Unplugged*, criado pela MTV americana em 1989, a série havia virado a tábua de salvação para uma indústria combalida pela pirataria. Os discos acústicos vendiam como água, além de aproximar artistas veteranos do público jovem da emissora. Gilberto Gil, Gal Costa e Rita Lee foram os primeiros medalhões a aderir ao formato, todos com muito sucesso.

Leonardo Netto, então empresário de Cássia, havia se reunido, na metade dos anos 1990, com a própria Anna Butler, que, na época, com dezenas de outros pedidos na mesa, não colocou a cantora na fila de prioridades do *Acústico*.

O desinteresse foi tanto que o empresário saiu da sede do canal de televisão, no bairro do Sumaré, em São Paulo, com a certeza de que Cássia jamais gravaria um acústico pela MTV, mesmo com seus clipes fazendo sucesso na programação da emissora.

Essa era uma das preocupações de Anna Butler. Cássia tinha atitude, uma pegada roqueira, era a cara da MTV, mas não do formato acústico. Para ela, o repertório da cantora era restrito demais, principalmente os primeiros discos, dedicados a músicas pouco conhecidas de compositores conhecidos ou músicas conhecidas de autores desconhecidos.

Os discos-tributo a Cazuza, o de estúdio e ao vivo, também não ajudavam. Havia muitos hits ali, mas a maioria com o Barão Vermelho, e não com Cássia. Por fim, os únicos grandes sucessos, "Por enquanto" e "1º de julho", eram de autoria da mesma pessoa, Renato Russo. O que mais ela podia cantar no *Acústico*?

Havia também o aspecto pessoal. Anna considerava Cássia uma artista de difícil abordagem, por conta da timidez exagerada. E o *Acústico MTV*, registrado ao vivo, tinha um formato rígido que precisava ser seguido. Não havia concessões. E se Cássia não gostasse do figurino e passasse a rasgá-lo durante a gravação?

Outro complicador: nos primórdios da MTV Brasil, fundada em 1990, Cássia havia sido convidada para participar de um programa dedicado a jovens talentos. Acompanhada de Wanderson, seu empresário na época, reuniu-se com Anna Butler, que queria conhecê-la. Não abriu a boca. Uma hora depois, já estava no apartamento de Santo Amaro. Sem avisar, desistiu da gravação.

Por conta desse histórico, Anna não quis assumir o risco de contratar Cássia. Tudo mudou durante uma viagem de carro feita de Ribeirão Preto, interior de São Paulo, até a capital paulista. A diretora havia comparecido ao enterro do pai de André Mantovani e, para relaxar, decidiu colocar para tocar o recém-lançado CD de Cássia, *Com você... meu mundo ficaria completo*, produzido por Nando Reis.

Anna conta, em depoimento ao autor: "Eu fiquei enlouquecida com esse disco. É uma obra-prima. Não havia tantos hits também, talvez apenas um, 'O segundo Sol', mas era um sinal claro de que Cássia havia se transformado em outra cantora nas mãos de Nando, o cara que tinha conseguido aproveitar todas as potencialidades de uma cantora sem descaracterizá-la.

Eu era muito amiga do Nando, mas tinha brigado com ele e com os Titãs durante as gravações dos dois acústicos feitos por eles. Aquela história de conviver muito tempo com gente que você tem intimidade. Sempre dá merda. Fizemos as pazes falando sobre a Cássia. Disse que queria fazer um *Acústico MTV* com ela, desde que ele fosse o produtor. Ele estava cheio de compromisso, conciliando os projetos solos com o primeiro disco inédito dos Titãs em seis anos, mas topou. Pela Cássia. Aí começou a briga pra aprovar o projeto. O André [Mantovani] é um cara muito carrancudo, mal-humorado, e toda vez que eu falava da ideia de gravar a Cássia, ele dizia não. Tinha os mesmos receios que eu. E gravar acústico era sempre um perrengue. [...] Segurei muita bucha, entreguei muita coisa legal e acho que foi por causa disso que o André acabou cedendo e topou fazer o acústico da Cássia. Deu um voto de confiança. Pra mim. Não pra Cássia. Nem ele nem eu imaginávamos que viraria o que virou, o melhor e mais bem-sucedido acústico da MTV Brasil. Nem nos nossos sonhos mais loucos".

Cássia tinha pouco tempo para definir o repertório do acústico e ensaiá-lo à exaustão para deixar tudo perfeito para o dia da gravação, marcada para 7 de março de 2001, em São Paulo. Ronaldo Villas tratou de blindá-la de todas as distrações que certamente surgiriam no meio do caminho. E o único jeito de fazer isso com uma pessoa que não sabia dizer não era mantê-la isolada por um bom tempo. Principalmente do convívio com os parentes.

O apartamento do Cosme Velho era uma república da família Eller, abrigo para os que visitavam o Rio e praticamente a segunda residência de Altair Eller. O pai havia virado um tormento para Cássia.

Deslumbrado com o sucesso da filha, o sargento chegou ao ponto de entrar numa concessionária de carros de luxo em Fortaleza, onde morava, se dizendo "pai de Cássia Eller", e exigir um desconto especial na compra de um veículo que, segundo ele, seria pago pela cantora. Por pouco o negócio não foi fechado.

A cantora se sentia na obrigação de ajudar a família. Eugenia jamais interferiu nas decisões da companheira. Quando Cássia decidiu dar uma casa para Rubinha, a irmã mais nova, Eugenia ajudou com a papelada. Mas deixou claro: uma coisa era tirar a irmã querida do aluguel, outra era dar uma Ferrari para a besta do pai.

Altair foi ao Rio muitas vezes, com a segunda esposa e o filho pequeno. E não iam embora. O incômodo da anfitriã chegou às alturas quando uma irmã da madrasta soube que a cantora se apresentaria no *Planeta Xuxa*. Não sossegou enquanto Cássia não conseguiu com a direção da TV Globo um convite para ela e os quatro filhos na plateia. Todos dormiram no apartamento do Cosme Velho.

Cássia suportava esse tipo de amolação bebendo e cheirando cocaína. As recaídas haviam se tornado mais frequentes. Ronaldo Villas achou um jeito de blindá-la, mudando o piano de cauda da Olhaí Produções para o segundo andar da sede da empresa. Ali, isolada, Cássia começaria a pensar no repertório do acústico, enquanto o empresário daria um jeito de despachar Altair e os agregados de volta para Fortaleza.

Os empresários de Cássia conseguiram convencer a gravadora Universal a desembolsar 300 mil reais para o projeto acústico de Cássia. O orçamento incluía o pagamento do staff da cantora, a contratação de Nando Reis e Luiz Brasil como diretores artísticos e o aluguel de uma chácara em Teresópolis, na região serrana do Rio. Lá, longe de chatos de todos os tipos, eles teriam três semanas para colocar o acústico de pé.

Ronaldo Villas assumiu o modo bedel. Reuniu músicos e roadies e deixou claro que quem quisesse usar cocaína que arrumasse um jeito de cheirar bem longe da cantora. E que não ficassem oferecendo a todo momento cerveja gelada a Cássia. Ela precisava cuidar da voz e tinha feito um acordo com o empresário: só tomaria bebida quente, no caso, doses diárias de catuaba selvagem.

Ela adorou o retiro. Não passava tanto tempo no meio do mato, isolada de tudo, sem a obrigação de colocar roupa, desde a mudança de Santarém, onde morou dos 10 aos 12 anos, para o Rio de Janeiro. Chicão e Eugenia, livres de Altair e seus agregados, e os músicos, que passavam as manhãs jogando no imenso campo de futebol, também se sentiram no céu.

Mas os problemas não demoraram a aparecer. Luiz Brasil, chamado novamente para dividir com Nando a produção e a direção artística do acústico, passou a decidir tudo, dos horários de gravação à escolha dos arranjos.

Nem todo mundo gostou do excesso de ingerência do produtor e guitarrista, sobretudo Cássia, que se entendia muito mais com Nando, seu irmão de alma. Os dois produtores se completavam. Luiz Brasil representava a tradição; Nando, a ousadia, o experimentalismo. Se pudesse escolher, Cássia ficaria só com o segundo.

Luiz Brasil bateu o pé: os ensaios tinham que começar religiosamente no fim da tarde. Cássia preferia à noite, de preferência de madrugada, com Chicão já dormindo. Luiz Brasil não voltou atrás. A exigência resultou na primeira dor de cabeça de Ronaldo Villas. Como a chácara ficava numa zona rural, com instalações precárias, bastava uma chuva de verão no cair do dia para acabar a energia.

Como as quedas eram frequentes, Ronaldo teve que acionar a direção da Universal e pedir para que a gravadora alugasse, por um custo altíssimo, um gerador. Outros perrengues surgiram. E o empresário voltou a ligar para o Rio. No fim, o orçamento do acústico de Cássia, já considerado caro pela gravadora, triplicou de valor, chegando a quase um milhão de reais.

A pressão sobre os moradores temporários da chácara aumentou. Era a hora de definir logo o repertório e começar a ensaiar. No estúdio, três núcleos tinham o mesmo poder de voto: o que girava em torno de Nando, com maior ascendência sobre Cássia; o núcleo dos músicos, comandado por Waltinho

Villaça, Lan Lanh e Fernando Nunes, igualmente influentes; e Luiz Brasil, respeitado por todos, mas considerado careta demais, principalmente por quem, teoricamente, tinha a palavra final: Cássia Eller.

Nas conversas com a banda, ainda no Rio, Cássia havia gostado da sugestão, feita por Fernando Nunes, de abrir o acústico MTV com uma canção de Janis Joplin, provavelmente "Mercedes Benz". Nando achou a ideia péssima. Além de ser manjada demais, reforçaria os clichês em torno de Cássia, estigmatizada como cantora de blues.

Nando sugeriu que Cássia abrisse com "Non, je ne regrette rien", sucesso na voz de Édith Piaf, uma das canções preferidas da mãe dele, amante de música francesa. Fernando Nunes e Waltinho Villaça torceram o nariz. Luiz Brasil ficou dividido, assim como Cássia, que não sabia dizer não, e muitas vezes nem sim.

Os ensaios do dia terminaram. No caminho para o quarto, Nando ouviu o estrondo de um trovão. Tomou aquilo como um sinal, uma mensagem enviada pela mãe, já falecida, para que ele lutasse pela canção de Édith Piaf. Foi o que ele fez. "Non, je ne regrette rien" acabou sendo a canção escolhida para abrir o acústico, considerado um dos muitos acertos do disco, junto com "Malandragem", outra vitória suada do produtor.

"Eu não gostava do arranjo original de 'Malandragem'. Achava convencional, pinkfloydiano demais. Mas era o arranjo feito pela banda da Cássia, com quem ela tinha muita afinidade e cumplicidade. E os caras tinham muita ascendência sobre ela, algo compreensível, dado o tempo de estrada juntos. Mas a minha sintonia com Cássia era total. Nos meus delírios de grandeza, eu sonhava em ser para ela o que [Gilberto] Gil foi para Gal [Costa], como produtor de *Índia* [o disco, gravado em 1973, é considerado um marco na discografia de Gal, tanto pela polêmica da capa censurada pela ditadura militar quanto pela qualidade musical]. E acho mesmo que eu tinha esse olhar, compreendia o que Cássia queria, mais do que os outros. E por isso lutei muito por coisas que acreditava que podiam dar certo na voz dela."[1]

E deram. É um disco coeso, em que Cássia coloca à prova toda a versatilidade, a capacidade de cantar qualquer gênero musical, mudando os arranjos originais e impondo seu estilo — o que conseguiu fazer mesmo num formato mais engessado como o acústico.

Qual outro intérprete da música brasileira seria capaz de cantar, sem deixar a peteca cair, num respiro só, canções tão diferentes? Era o caso das sete primeiras faixas do disco: "Non, je ne regrette rien", "Malandragem", "E.C.T.", "Vá morar com o diabo", "Partido alto" (Chico Buarque havia prometido uma música inédita, mas não entregou a tempo), "1º de julho" e "Luz dos olhos", de Nando Reis.

Se dependesse de Cássia, ela ousaria ainda mais, quebraria todos os protocolos do formato. Ana Butler que se virasse com André Mantovani. Cássia desejava convidar três integrantes da Nação Zumbi, uma de suas bandas preferidas, para tocar no acústico. Luiz Brasil, sempre pronto para cortar suas asinhas, foi contra. A participação dos pernambucanos se resumiu à canja em "Quando a maré encher".

O acústico MTV de Cássia, gravado no Galpão da Cinemateca Brasileira, na Vila Leopoldina, em São Paulo, chegou às lojas no dia 5 de maio de 2001. E começou a vender como água. A crítica especializada creditou o sucesso instantâneo do disco ao competente trabalho de suavização da imagem de Cássia, levado a cabo por produtores, arranjados em conluio com a Universal e a MTV.

O velho papo-furado de sempre. A cantora já tinha lido algo parecido antes, quando ousou gravar um disco só de violões ou quando cedeu às dicas preciosas de Nando Reis. "Cássia só tem a perder — bem, não é de dinheiro que se está falando — em se deixar confundir com tal formato [...]. No geral, ela esteve apagada, desconfortável nas convenções do gênero e na cadeira em que se viu pregada entre músicos de orquestra, caciques e percussionistas salientes",[2] escreveu o crítico da *Folha de S.Paulo*.

Era o que achava também o especialista do *O Globo*: "Mais uma tentativa de transformar uma cantora de blues e rock numa intérprete de MPB".[3] Para esse mesmo crítico, o trabalho de Cássia apontava, prematuramente, para um esgotamento criativo: "É o seu terceiro disco ao vivo, o oitavo da carreira, num exercício de repetição irritante até para os fãs mais ferrenhos [...] O projeto corre contra a corrente. Nem os discos ao vivo estão vendendo tanto assim".[4]

O acústico de Cássia venderia, em poucos meses, quase 400 mil cópias (chegaria, em alguns anos, a um milhão). O crítico do *O Globo*, além de errar na previsão, parecia não compreender o óbvio: como uma genuína artista de palco, onde se sentia livre da timidez e segura para criar, era natural que ela gravasse tantos discos ao vivo em pouco tempo de carreira.

Para Zélia Duncan, os caretas nunca estariam prontos para Cássia Eller: "A cantora que grita, que se veste igual a um homem, coça o saco, arrota e cospe, engravida, vira mãe, se casa com uma mulher, cria um filho lindo e começa a aparecer bela, calma, de vestido e gravando discos para embalar. Os caretas ficam putos. 'Como essa sapata vira uma mãe exemplar? Como ela ousa sentar num banquinho e cantar tão suavemente? Só pode ser para fazer sucesso, para ganhar dinheiro. Ela se rendeu ao mercado, ao formato acústico.' Blá-blá-blá. Eles nunca entenderam nada. São muitas as revoluções de Cássia. Em 1982, ela entra no meio de uma orquestra, com o cabelo de Juruna, e canta como uma bluseira. Quase vinte anos depois, quando todos esperavam porradaria, ela grava mais um disco acústico, de um jeito diferente de todos os outros. E os caras ainda têm coragem de falar em falta de ousadia?".[5]

Mal terminou o acústico MTV, Cássia sentou-se com Nando Reis para começar a pensar no disco que completaria a trilogia iniciada por eles. Não deu tempo.

CAPÍTULO 14

VENENO VIVO

SOFRER É ANTIGO

POR ISSO QUE DIGO PE

BASTA ESTAR VIVO PRA CORRER

PRA TUDO CONTE COMIGO

DAREI MEU ABRIGO

SE QUISER ABRIGO

SE FOR PRA BRIGAR POR VOCÊ TAMBÉM E

PRA TUDO CONTE COMIGO

MINHA FLOR DE TRIGO

MEU ~~SEXTO~~ ~~SAN~~

LICOR DE FIGO

DIGA ONDE IRÁS QUE É PRA LÁ QUE EU SIGO

PRA TUDO CONTE COMIGO

QUERO ESTAR CONTIGO

MEU SEXTO SENTIDO

SEREI INIMIGO DOS TEUS INIMIGOS

PRA TUDO CONTE COMIGO

"Eu gostaria de ter um contrato de casamento legalizado. Queria poder garantir os direitos dela [Eugenia] e do Chicão. No caso de separação ou de morte, a Eugenia não tem nenhum documento que prove que estamos casadas há catorze anos. Se me acontecer alguma coisa, meus bens têm que ir pra ela e meu filho. E a guarda do meu filho tem que ser dela, é ela a mãe."[1]

Essa era uma preocupação constante na vida de Cássia, logo ela, avessa a planos e planejamentos futuros, vivendo o presente intensamente. "Sei que eu e Cazuza temos a imagem de doidões. Mas as pessoas veem a gente assim por causa da alegria de viver o momento. Detesto quem planeja um futuro melhor, fica feliz com algo que vai acontecer daqui a vinte anos. Tá louco. Em vinte anos, o mundo acaba."[2]

Em entrevista à revista *Marie Claire*, em novembro de 2001, a cantora não parecia tão imediatista assim ao expor pela primeira vez o incômodo diante do limbo jurídico em que se encontrava.

De autoria da então deputada Marta Suplicy, o projeto de lei que propunha a parceria civil entre pessoas do mesmo sexo, garantindo-lhes o direito à herança, à declaração conjunta do Imposto de Renda e ao mesmo plano de saúde, sofreu tanta resistência no Congresso Nacional que morreu em pleno processo de tramitação.

E, mesmo que seguisse em frente, não deixaria Cássia mais tranquila: a PL, criada em 1995, não fazia referência, por exemplo, à guarda de crianças no caso de morte de um dos parceiros.

O projeto de lei de Marta foi atacado até mesmo por quem, em tese, deveria defendê-lo. A OAB, uma das mais influentes entidades da sociedade civil, se posicionou por meio de seu presidente, Ernando Uchôa Lima: "Sou contra a união de pessoas do mesmo sexo por considerar o homossexualismo uma anormalidade. São pessoas que sofrem de desvio sexual, distúrbio psicológico ou desvio anatômico. Não posso acreditar que uma mulher normal transe com outra mulher e que um homem normal transe com outro. Não entra na minha cabeça".[3]

O sucesso do disco acústico triplicou a agenda de compromissos de Cássia. Ao contrário da maioria dos artistas que haviam aderido ao projeto da MTV, ela não quis se limitar a se apresentar em teatros e casas que ofereciam estruturas para este formato. De maio a dezembro de 2001, foram 95 shows, um a cada três dias, conciliados com idas a programas de TV

Eu gostaria de ter um contrato
de casamento legalizado.
Se me acontecer alguma coisa,
meus bens têm que ir pra
ela e meu filho.
E a guarda do meu filho tem
que ser dela, é ela a mãe.

como *Altas horas*, *Bem Brasil*, *Planeta Xuxa*, *Sem Censura*, *Ensaio* e *Programa do Jô*. Cássia chegou ao limite. Passou a se queixar de dor nas costas e de dormências nos braços. Nanci, enfermeira, alertou a filha. "Pra mim, aquilo era um sinal de infarto, mas ela não acreditou."[4]

A mãe jamais conseguiu convencê-la a fazer exames de rotina. Na infância, Cássia havia contraído febre reumática, doença inflamatória combatida com injeções regulares de Benzetacil. Mesmo tratada, existe a possibilidade de comprometimento do músculo cardíaco. Não se sabe se era o caso da cantora. Para ela, só havia algo mais chato do que dar entrevistas: ir ao médico.

Por insistência de Eugenia, Cássia chegou a ser internada algumas vezes, mas para tratar a dependência de cocaína e álcool. Nunca se investigou o histórico cardíaco. Para os jornalistas, a cantora se dizia feliz e com a saúde em dia. Em junho de 2000, chegou a dizer que não ficava de porre havia mais de um ano: "Eu fiz um tratamento e larguei a cocaína e tudo. Passei seis meses sem beber também. Agora que eu tô voltando a beber um pouquinho, mas, assim, tem nada a ver com o que eu bebia antes. Eu bebo uma cervejinha, um vinhozinho assim de leve. Sabe, não fico enchendo a cara. Tem mais de um ano que eu não fico bêbada. E, assim, eu tô muito feliz com isso e eu recomendo pra todo mundo que a vida melhora pra caralho".[5]

Não era bem assim. Cássia passou a ter recaídas cada vez mais frequentes. Os compromissos haviam se multiplicado, as chateações também. Foram muitos os momentos de estresse

Eu fiz um tratamento e larguei a cocaína e tudo. Passei seis meses sem beber também. Agora que eu tô voltando a beber um pouquinho, mas, assim, tem nada a ver com o que eu bebia antes. Tem mais de um ano que eu não fico bêbada.

E, assim, eu tô muito feliz com isso e eu recomendo pra todo mundo que a vida melhora pra caralho.

nesta fase de superexposição. Até o que, em tese, deveria ser um prazer virou um tormento. Foi o caso do convite feito por Djavan para que ela fizesse uma participação na faixa-título de seu novo disco, *Milagreiro*.

Cássia cantaria acompanhada de João Viana, baterista de sua banda e filho do compositor alagoano. Ou seja, estava tudo em casa, ao menos aparentemente. Cássia chegou ao estúdio com os nervos à flor da pele, queixando-se de dor nas costas, provavelmente agravada pela tensão de ter que dar conta do recado — cantar na principal faixa do disco de um dos seus maiores ídolos na música.

Era uma canção de difícil interpretação, como muitas de Djavan. Cássia teve que repeti-la várias vezes, a pedido do cantor. No estúdio, Ronaldo Villas presenciou a tensão vivida por Cássia: "A Cássia era muito CDF. Se preparou muito pra essa gravação. Ensaiou muito em casa, no nosso escritório. Mas na hora da gravação ela não conseguiu chegar na nota que o Djavan queria. Ficou nervosa, insegura. Ela tinha essa coisa: nunca se achava digna de convites como esse. Colocava caras como Djavan, Caetano, Chico num pedestal muito acima do dela".[6]

Cássia não via a hora de 2001 acabar. Havia decidido, no ano seguinte, tirar o pé do acelerador. Ficaria mais tempo com Eugenia e Chicão, diminuiria a agenda de shows e não aceitaria nenhum pedido para participar de programas de televisão. Entrevistas? Nem pensar! Confirmada mesmo só a participação no Festival de Montreux, na Suíça.

Sem shows, se concentraria na gravação do último disco da trilogia iniciada com Nando Reis na direção artística. Dessa vez, nada de Luiz Brasil. Tom Capone, produtor de seu primeiro disco, muito mais antenado com suas ideias, seria chamado de volta.

A gravadora Universal até tentou convencer Cássia a seguir o caminho do Titãs e gravar um segundo acústico. Mais grana, mais shows — e menos trabalho. A banda já estava ensaiada, conhecia o formato, bastava escolher mais uma dúzia de canções. Por que não?

Porque Cássia não fazia concessões. Sua ideia era voltar às origens, gravar um disco despretensioso, sem qualquer apelo comercial, e deixar rolar. Tinha tudo para dar certo. Pela primeira vez, em dez anos de carreira, ela havia conseguido juntar o time dos sonhos. Os músicos que ela amava e seus dois produtores preferidos.

Cássia preparou-se para o último compromisso do ano de 2001: o show de réveillon na Praça do Ó, na Barra da Tijuca. A ideia era passar o Natal com a família, em Brasília, e, depois, trazer a mãe e os quatro irmãos para comemorar com eles a virada de ano. Nos preparativos, Cássia surtou.

Depois do nascimento de Chicão, Eugenia não tinha mais tempo e disposição para resolver todos os problemas da companheira. Em Brasília, hospedada na casa de Fofó, irmã de Eugenia, Cássia ficou com a missão de ir até o aeroporto da cidade comprar as passagens dos parentes para o Rio, tarefa que parecia simples para qualquer adulto, menos para alguém como Cássia.

Eugenia conta em depoimento ao autor: "Passamos o Natal juntos, na casa de minha irmã. Depois do almoço, ela foi sozinha comprar as passagens. Cássia se sentia na obrigação de fazer esse tipo de agrado para a mãe, para as irmãs. Então deixei ela se virar, mesmo sabendo que tinha tudo pra dar errado. Cássia chegou no aeroporto já tensa, porque dei uma série de instruções pra ela usar determinado cartão de crédito, pra não mexer na conta da empresa, que era usada pra outro tipo de despesa. Ela estava estourada com o acústico e foi muito assediada no saguão do aeroporto. Teve que tirar foto, dar autógrafo. Hoje me arrependo de não ter cuidado disso. Porque posso imaginar a Cássia no meio de um monte de gente, sozinha, não sabendo como dizer não para as pessoas. Deve ter sido um inferno. Na hora de comprar as passagens, uma porrada de passagem, ela se atrapalhou, usou o cartão errado, que não tinha limite. Ficou um tempão nisso e, quando chegou na casa da minha irmã, teve uma crise. Começou a quebrar tudo. Nesses momentos, ela nunca ficava violenta com os outros. Só com ela mesma. Bateu com a cabeça na parede, quebrou vidro, se machucou toda. Demos um Frontal [calmante] e ela apagou".

Para Eugenia, em meio a tanta coisa boa acontecendo, ninguém se deu conta — nem ela, nem a cantora, nem os empresários, nem os músicos, do quanto Cássia estava fragilizada e precisando de ajuda: "Cássia era fominha pra caramba. Queria cantar. E em qualquer lugar. Fez show pra caramba. Era o que ela sempre quis. Então, pra todo mundo, ela estava feliz, vivendo a melhor fase da carreira. E estava mesmo. Mas ela não estava pronta pra dar conta desse turbilhão. Era pressão de tudo quanto era lado, dos empresários, da família, minha. Eu cobrava muito a Cássia, queria que ela estivesse mais presente em casa, na criação do Chicão. Ela recebia todas essas cobranças e segurava. Era uma característica da Cássia, de guardar tudo pra ela, sem colocar pra fora. Até que ela explodiu. Eu tinha uma relação maternal com ela. Depois do nascimento do Chicão, larguei de mão. Fui cuidar dele. Ela sentiu. Uma vez, tomamos ayahuasca juntas. Eu apaguei e acordei com a Cássia me chamando, meio zonza: 'Mamãe, mamãe'. Não deixava de ser também uma relação maternal. Quando ela surtou na casa da minha irmã, em Brasília, eu fiquei preocupada, mas não viajei com ela pro Rio. Achei que ela daria conta, o ano estava acabando, depois a gente passaria um bom tempo descansando, curtindo o Chicão, até dia 10 de janeiro. Levei ela pro aeroporto. Na hora de embarcar, ela se virou, deu um tchau. O olhar dela não me sai da cabeça até hoje".

Cássia chegou ao Rio no dia 28 de dezembro, um dia antes dos familiares, para ensaiar com a banda o repertório do show de réveillon. Eugenia havia preferido passar o Ano-Novo na casa da irmã, em Brasília, com Chicão, longe da agitação carioca. Ficou de monitorar por telefone os passos da companheira.

Por recomendação de Eugenia, Ronaldo havia reservado uma suíte de hotel para Cássia, bem perto de onde ocorreria o show do Ano-Novo, na Barra da Tijuca. O empresário também morava perto. Seria uma forma de evitar o assédio de familiares e amigos, se Cássia por acaso sentisse necessidade de ficar sozinha.

A Cássia que desembarcou no Santos Dumont estava irreconhecível. Primeiro, por conta do gorro de lã, enfiado quase na altura dos olhos — para esconder os hematomas provocados por ela mesma. No caminho até o estúdio, muito mais calada do que de costume, limitou-se a dizer a Ronaldo que havia tomado a decisão de parar de fumar.

Mas não de beber. Nos ensaios, tomou seguidas latinhas de cerveja, o que raramente fazia quando estava trabalhando. Um dos músicos disse algo, em tom de reprovação. Foi o bastante para Cássia abandonar os ensaios, se trancar no apartamento do Cosme Velho e proibir qualquer tipo de visita, inclusive de Ronaldo.

Eugenia ligou seguidas vezes para Cássia. Conseguiu acalmá-la. A cantora disse que tentaria dormir. No fim da madrugada, atendeu mais uma ligação, dessa vez de Waltinho Villaça. Continuava agitada. "Cabelinho [era assim que ela chamava o guitarrista e amigo], não consegui dar 'uns teco' [cheirar cocaína]. Estou com dor no peito. Vou tentar dormir de novo."

Lan Lanh e Tamima Brasil, percussionistas da banda de Cássia, também moradoras do Cosme Velho, foram avisadas por Waltinho e correram para o apartamento da cantora. Chegaram por volta das sete da manhã. Lan Lanh impressionou-se com o estado da namorada. "Ela chorava muito e estava nervosa, porque não queria que ninguém a visse daquele modo. Ela chutava móveis e objetos, se batia contra a parede."[7]

Eugenia telefonou de Brasília e recomendou a Lan Lanh que ligasse imediatamente para Ronaldo Villas e deixasse Cássia aos seus cuidados. Ele saberia lidar melhor com a situação. A cantora seria levada para o quarto de hotel já reservado pelo empresário, que daria um sossega-leão para Cássia, cancelaria o show de réveillon e imediatamente procuraria ajuda médica. Esse seria o protocolo.

Lan Lanh e Tamima Brasil não cumpriram o combinado. Acharam melhor levar Cássia para passear de carro, na esperança de acalmá-la. Caminharam pela orla de Copacabana, tomaram água de coco e voltaram ao apartamento do Cosme Velho. Cássia teve uma nova crise nervosa. Desesperadas, as duas percussionistas decidiram levá-la para o hospital mais perto, a Clínica Santa Maria, a alguns quarteirões dali.

A cantora aceitou ser medicada. Mas, ao entrar na clínica e receber os primeiros atendimentos, decidiu fugir, correndo pela calçada, desorientada. Socorrida pelo médico Marcelo Heringer, foi convencida a retornar ao hospital. Na conversa com Heringer, Lan Lanh admitiu ter visto uma "secreção branca" escorrendo do nariz da cantora durante uma das crises de choro.

Vindo da Barra da Tijuca, Ronaldo Villas demorou para chegar à clínica. E, quando chegou, o circo já estava armado. Ele conta, em depoimento ao autor: "Como a Cássia, antes de ser internada, havia tentado fugir, andando pelas ruas do Cosme Velho desorientada, não demorou muito para ser identificada. Ela morava no bairro. Criou-se um burburinho. A imprensa ficou sabendo. Em meia hora, o saguão da clínica já estava lotado de jornalistas. Como não havia quarto sobrando, colocaram a Cássia na unidade coronariana. Aí começou uma sequência de erros. Como a Lan Lanh havia mencionado o pó branco no nariz de Cássia, e ela havia chegado à clínica num estado de agitação muito grande, provavelmente acharam que se tratava de uma overdose e iniciaram um processo de desintoxicação. Não trataram como um problema cardíaco ou como uma crise nervosa. Eu até acho que a Cássia pode ter cheirado na noite anterior, mas não acho que isso foi determinante pra ela ficar daquele jeito. Ela já estava assim desde Brasília, onde não tinha usado nada, apenas bebido cerveja. Enfim, não sei exatamente o que eles fizeram. Tem a história do Plasil [remédio para tratar náuseas e vômitos]. Perguntaram se ela era alérgica, ela não soube responder. Enfim, só sei que, em determinado momento, um médico, bem novinho, com a cara muito assustada, veio me informar que a Cássia havia sofrido a primeira parada respiratória. Liguei para o meu pai, que é médico, informei a situação. Quando disse onde a Cássia estava internada, ele deu um grito: 'Quem foi o idiota que levou ela pra esse açougue?'".

Ficou decidido que Cássia passaria a ficar sob cuidados do Rafael Luna, ex-presidente da Sociedade Brasileira de Cardiologia, um dos mais conceituados médicos do Rio de Janeiro.

Primeiro, seria preciso tirá-la da clínica. Enquanto cuidava dos trâmites burocráticos para transferir Cássia, Ronaldo foi informado de que a cantora havia sofrido a segunda parada respiratória.

O empresário correu para o quarto de Cássia. Encontrou um dos médicos na porta. Eles haviam acabado de ressuscitar Cássia usando um desfibrilador. A cantora só não estava morta, informou o cardiologista, porque era muito forte. Mas as chances de sobrevivência eram remotas, menos de 20%.

Não havia mais como transferir Cássia. O jeito era esperar. Ronaldo passou a sofrer pressão, do hospital e da imprensa, para divulgar um boletim sobre o estado de saúde da cantora. O empresário ligou para Edson Coelho, vice-presidente da Universal, gravadora de Cássia. O executivo disse a Ronaldo que ele não tinha nenhuma obrigação de publicar uma nota. Era decisão exclusiva da família.

A mãe e as irmãs (Ronaldo, o caçula, também convidado por Cássia, preferiu ficar em Salvador, onde morava) haviam acabado de desembarcar no aeroporto de Congonhas, em São Paulo, onde o avião faria uma escala antes de partir para o Rio. Chovia muito e os voos estavam atrasados.

Era aniversário de dona Nanci, e Ronaldo queria fazer de tudo para preservá-la, evitar que ela soubesse do estado de Cássia pela imprensa. Enquanto tentava encontrar maneiras de blindar a família, o empresário recebeu a notícia de uma enfermeira: Cássia estava morta.

CAPÍTULO 15

ANOMALIA

DISCO 2001

LUZ DOS OLHOS
- NON, JE NE REGRETTE RIEN
7 PARTIDO ALTO
4 COME TOGETHER / CORPO DE LAMA ○
5 QUANDO A MARÉ ENCHER
6 ENQUANTO ISSO
7 DA ESQUINA ○
8 MALUCA
9 SUTIL
0 O TEU BEM ○
1 FIO MARAVILHA
2 SGT. PEPPER'S LONELY HEARTS C.
3 QUEM VAI QUERER COMPRAR BANAN.
4

Cássia havia sofrido mais duas paradas cardíacas. Na última, não aguentou o tranco. Morreu aos 39 anos, a dois dias da virada do ano, no dia de aniversário de sua mãe. Ronaldo Villas correu para o quarto da cantora, onde encontrou uma roda de médicos em torno do corpo, e fez um pedido: ninguém sairia de lá enquanto não fosse redigido um documento, com assinatura da equipe médica, explicando as causas da morte de Cássia.

Para evitar sensacionalismo por parte da imprensa, o empresário havia convencido os médicos a assinarem um laudo afirmando que Cássia havia sofrido um infarto do miocárdio seguido de parada cardiorrespiratória. Assim Ronaldo evitaria que Cássia fosse enviada para o Instituto Médico Legal (IML) — para onde o corpo é encaminhado em casos de óbitos suspeitos, o que incluía mortes por intoxicação de álcool e drogas.

Por pressão do hospital, os médicos não assinaram o laudo. Ronaldo passou a achar que era uma forma da clínica de conseguir ainda mais publicidade. Uma morte por causa natural diminuiria o interesse dos jornalistas, que não paravam de chegar ao hospital.

Ronaldo temia que o falecimento de Cássia fosse divulgado no plantão da TV Globo no momento em que dona Nanci e as irmãs se preparavam para embarcar de São Paulo para o Rio.

Enquanto tentava convencer a equipe médica a assinar o laudo de morte natural de Cássia, Ronaldo recebeu a visita de um delegado. O policial, em busca de holofote, estava ali para descobrir quem havia vendido cocaína para a vítima. O empresário manteve-se calado, embora soubesse que Marquinhos Futebol, fornecedor de cocaína de vários artistas do Rio de Janeiro, inclusive de Cássia, estivera, mais de uma vez, no 12º andar do apartamento do Cosme Velho.

Bombardeado de perguntas, Ronaldo notou a presença de outro sujeito na sala, que havia chegado com o delegado. Ele se identificou como advogado, disse que estava disposto a oferecer assessoria jurídica para o empresário se livrar do incômodo interrogatório, desde que recebesse ali mesmo 60 mil reais em dinheiro. Ronaldo só teve um pouco mais de sossego no momento em que o deputado Fernando Gabeira, acompanhado da ex-mulher, a estilista Yamê Reis, amiga de infância do empresário, chegou ao hospital. Os dois ajudaram a segurar a barra, confrontando o delegado, que seguia fazendo perguntas e ameaças. Ele exigia que o corpo de Cássia fosse para o IML, para ser examinado.

No meio da queda de braço, Wanderson Eller, o tio e ex-empresário de Cássia, chegou à clínica, completamente bêbado. Mesmo alterado, partiu dele a fala mais sensata da noite. Cássia detestaria esse jogo de empurra. Ela nunca havia escondido nada, era a pessoa mais autêntica do mundo. Havia falado abertamente sobre o uso de drogas em diversas entrevistas. Não queria ser enterrada como santa. "Ronaldo, mande esses urubus tomarem no cu. Vamos levá-la para o IML. Não precisamos esconder nada."

A morte de Cássia passou a ser noticiada por todas as rádios e telejornais do país. O boletim médico divulgado pela direção da Clínica Santa Maria atestou que a cantora havia morrido às 19h05 do dia 29 de dezembro de 2001, por conta de uma parada cardiorrespiratória, após dar entrada com um "quadro de desorientação e agitação".

A apresentadora Fátima Bernardes, âncora do *Jornal Nacional*, abriu o noticiário de maior audiência do país anunciando a morte de Cássia Eller: "A suspeita dos médicos da Clínica Santa Maria, no Rio de Janeiro, é de que a cantora tenha sido vítima de overdose de cocaína".

Os empresários de Cássia, Ronaldo e Felipe, se prepararam para uma guerra. O mesmo delegado não parava de ligar para o telefone dos dois. Não desistiria enquanto o nome do traficante não fosse revelado. Ronaldo partiu imediatamente para o apartamento do Cosme Velho, para se livrar de todo tipo de vestígio que pudesse dar munição à polícia e à imprensa.

O apartamento estava vazio. A família, em estado de choque, e também para se livrar do assédio dos jornalistas, tinha preferido se hospedar num hotel. Eugenia havia ficado em Brasília, acalmando Chicão. Eles não teriam como ir para o Rio, já que Eugenia não possuía autorização legal para viajar com o menino de 8 anos. Só com a assinatura da mãe biológica ou de algum parente mais próximo. E estavam todos no Rio.

Ronaldo entrou no apartamento e foi direto para a geladeira, onde Cássia e Eugenia costumavam guardar um pouco de maconha. Recolheu fotos de Chicão nadando pelado com a mãe, se livrou de uns apetrechos sexuais e rumou para o Cemitério Jardim da Saudade, na zona oeste do Rio, para acompanhar o enterro de Cássia, sepultada às 17 horas, ao som de "Por enquanto", cantada por amigos e fãs.

O delegado que havia assumido o caso não respeitou o luto. Mandou grampear o telefone de Ronaldo e Felipe. Filho de uma escrivã da Polícia Civil, Felipe Casqueira foi aconselhado pela mãe a comparecer espontaneamente na 10ª DP, em Botafogo. O ex-empresário de Cássia conta, em depoimento ao autor:

"Minha mãe sabia como as coisas funcionavam. A minha presença na delegacia, de livre e espontânea vontade, mostraria que eu não tinha nada a temer, que não me sentia intimidado por ninguém. O cara era um casca-grossa. Começou me provocando, dizendo que eu era um 'pé na cova': 'Pô, você também trabalhou com o Chico Science. É sempre assim, todo mundo com quem você trabalha morre, né?'. Um escroto. Tinha investigado minha vida inteira. Sabia de tudo. Depois começou a perguntar quem era o traficante que fornecia pó pra Cássia. Eu sabia que era o Marquinhos Futebol, tinha o telefone dele na minha agenda. Eu também cheirei muito, cheguei a ter um piripaque, mas sobrevivi. Apaguei o contato do cara antes de ir pra delegacia e não abri a boca. E o delegado me ameaçando. Era inacreditável aquela situação, a gente tinha perdido uma amiga querida, uma artista incrível, e o cara tratando todo mundo como se a gente fosse do Cartel de Medellín. Tempos depois, encontrei o Marquinhos na rua. E ele: 'Porra, você foi homem pra caralho. Não me entregou pra aquele bostinha'."

Boa parte da imprensa não esperou o laudo do IML e aproveitou a morte da cantora para faturar alto. O resultado do exame toxicológico ainda demoraria semanas, mas a *Veja* tinha pressa. No dia 9 de janeiro de 2002, a revista estampou na capa uma foto de Cássia de óculos escuros e com os dentes cerrados. Abaixo da foto, o título, em letras garrafais: DROGAS: MAIS UMA VÍTIMA.

Apesar de todo o sensacionalismo, num primeiro momento cumpriu-se a vontade de Cássia. No dia 8 de janeiro de 2002, o juiz Leonardo Castro Gomes, da 1ª Vara da Infância e Juventude do Rio de Janeiro, concedeu a guarda provisória de Chicão, então com 8 anos, a Eugenia. Tratava-se de uma decisão inédita, que contrariava a tradição brasileira — na maioria dos casos, crianças órfãs eram entregues prioritariamente aos cuidados dos avós maternos.

Para tomar a decisão, Castro Gomes fundamentou-se no Estatuto da Criança e do Adolescente e na Constituição, na qual se estabelece que a família deve garantir o bem-estar da criança, assegurando-lhe o acesso pleno à saúde, ao lazer e à educação. "A questão da homossexualidade não tem importância. O essencial foi assegurar o interesse superior de Chicão. Em tese, ele poderia ficar sob tutela até da vizinha, se com ela tivesse laços afetivos mais fortes."[1]

O juiz mexia num enorme vespeiro. O parecer gerou um efeito simbólico, abrindo um precedente importante e encorajando outras decisões similares pelo país — logo em seguida à sua decisão, a 3ª Vara da Justiça Federal do Rio Grande do Sul determinou que o INSS estendesse os benefícios de pensão por morte e auxílio-reclusão a viúvos e viúvas homessexuais. Em Minas Gerais, a Justiça ordenou que uma criança criada num lar homoafetivo continuasse vivendo com os dois pais, negando uma ação movida pela mãe biológica.[2]

O rebuliço em torno da morte de Cássia fez Altair Eller mudar de ideia em menos de 24 horas. O sargento reformado havia concedido uma entrevista à *Veja*, elogiando a decisão da Justiça em conceder a guarda de Chicão a Eugenia. "Sei que, do ponto de vista jurídico, eu tenho direito, mas seria uma crueldade separar o menino de Eugenia."[3]

Altair sabia que Eugenia era uma mãe exemplar. Havia passado quase dois meses no apartamento do Cosme Velho, recuperando-se da cirurgia no joelho, paga por Cássia. Não fazia, portanto, o menor sentido pleitear a guarda de Chicão, que mal convivera com o avô. Não era o que achava o advogado Ricardo Leitão, que havia telefonado para a casa de Altair, em Fortaleza.

O advogado precisou de poucos minutos para convencer o sargento a mudar de opinião. Ele deveria, sim, pedir a guarda de Chicão — e as chances eram grandes, desde que ele passasse a dizer o que era preciso ser dito, mesmo que não fosse verdade. Além de defendê-lo de graça, Leitão prometeu pagar as passagens de avião de Altair para o Rio, hospedagem e despesas com alimentação e deslocamentos na cidade.

O sargento aceitou a proposta, mas explicou ao advogado que havia acabado de conceder uma entrevista elogiando Eugenia e abrindo mão da guarda de Chicão. Leitão entrou em contato com a direção da revista *Isto É*, apresentando-se como advogado de Altair Eller, e disse que seu cliente estava disposto a dar uma entrevista bombástica, com muitas revelações.

No dia 9 de janeiro de 2002, as duas revistas de maior circulação do país publicaram entrevistas com o pai de Cássia Eller. A da *Veja* contendo elogios à companheira da filha, e a da *Isto É* praticamente sugerindo que Eugenia era uma assassina: "A circunstância da morte está muito obscura, complexa e absurda. Estou chocado e acompanhando, através de amigos militares, todos os depoimentos. Não descarto a possibilidade de homicídio. Não quero acusar ninguém, mas pode ter sido uma morte provocada por uma triangulação amorosa. Todo mundo sabia que a Cássia tinha uma relação muito forte com a Lan Lan. Minha filha me disse isso. Mas eu não tenho nada contra a Lan Lan. Pelo contrário, eu a achava uma excelente profissional e muito querida, mas, como eu disse, está tudo muito nebuloso. Não dá para tirar conclusões ainda".

Após a entrevista de Altair à *Isto É*, a Polícia Federal cumpriu um mandado de busca e apreensão de drogas no apartamento de Cássia e de Eugenia. Os agentes encontraram apenas quantidades pequenas de maconha. Dias depois, atendendo a um pedido de Ricardo Leitão, o Tribunal de Justiça do Rio de Janeiro decidiu transferir o caso Chicão para a 2ª Vara de Órfãos e Sucessões, que passaria às mãos de outro juiz, Luiz Felipe Francisco.

Leitão aproveitou a reviravolta no processo para criar uma onda a favor do seu cliente. "Tomei conhecimento do uso de drogas injetáveis no apartamento de Cássia. Imagina se a polícia encontra uma seringa usada. É só fazer um teste de impressão digital para ver se quem usou foi Cássia ou Eugenia. O Estatuto da Criança e do Adolescente deixa claro que um menor não pode viver sob tutela de uma pessoa que vive numa casa onde há usuário de drogas."[4]

Altair também fez a lição de casa, reforçando nas entrevistas a tese de que Chicão só estaria de fato protegido se passasse aos cuidados de uma família tradicional, longe da "degradação moral".

Em Brasília, o deputado Salvador Zimbaldi, do PSDB paulista, um dos principais representantes da bancada católica no

Congresso — e filiado ao partido do então presidente da República, Fernando Henrique Cardoso —, fez coro a favor do sargento paraquedista. "O homossexualismo é uma anomalia e como anomalia deve ser tratado. Por isso, não é possível conceder a um casal gay as mesmas condições oferecidas à união natural de um homem com uma mulher."[5]

Era o que também achava o rabino Henry Sobel, presidente do Rabinato da Congregação Israelita Paulista, conhecido pela corajosa defesa dos direitos humanos durante a ditadura militar. Pelo jeito, defender o casamento entre pessoas do mesmo sexo extrapolava os limites de bravura: "As conquistas homossexuais são legítimas numa sociedade democrática, mas não devem passar a mensagem de que esse tipo de relacionamento é tão natural quanto o heterossexual".[6]

A pressão sobre Eugenia aumentou. O Ministério Público do Rio de Janeiro determinou que a Polícia Civil abrisse um inquérito para apurar "o suposto tráfico de drogas e o eventual fornecimento de entorpecentes à cantora Cássia Eller". Leitão chegou a sugerir que Eugenia fizesse um exame toxicológico. "Elas estavam sempre juntas. Se rolava com Cássia, possivelmente rolava com a Eugenia", declarou o pai da cantora ao jornal *O Estado de S. Paulo*.[7]

Eugenia segurou a barra até o fim e virou o jogo, com a ajuda de outra grande mulher: dona Nanci.

DISCO 2001 ACÚSTICO
INÉDITAS
DA ESQUINA
ZÉ RAMALHO
JOAGRAO
NANDO REIS

CAPÍTULO 16

PARA OS BRAÇOS DE EUGENIA

DISCO 2001 ACÚSTICO

INÉDITAS

DA ESQUINA

ZÉ RAMALHO

JOAGRAO

VANDO REIS

As irmãs de Cássia entravam em pânico toda vez que o pai aparecia no *A casa é sua*, programa de grande audiência apresentado por Sônia Abrão na RedeTV!. Dona Nanci tratava de acalmar as filhas. O ex-marido teria dificuldades de manter por muito tempo a fantasia de arauto da moralidade. Como alguém como Altair podia se apresentar como a reserva moral da família, logo ele, a esbórnia em pessoa?

Quem era ele para levantar suspeitas sobre o relacionamento de Cássia e Eugenia? Um militar indisciplinado, que detestava cumprir regras, e um marido que durante todo o casamento teve várias amantes. Nanci decidiu acabar com todo aquele teatro.

Em entrevista para a revista *Isto É Gente*, a mãe de Cássia retrucou na mesma moeda as ilações do sargento. "Ele [Altair] tem dezesseis filhos extraconjugais. Por que não pega um desses para criar? [...] Ele só ligava pra Cássia pra pedir dinheiro."[1]

Enquanto Nanci expunha à imprensa as muitas contradições de Altair, alunos e professores do Centro Educacional Anísio Teixeira, o CEAT, onde Chicão sempre estudou, se mobilizaram para apoiar Eugenia. O grupo montou um piquete em frente ao Fórum onde seria tomada a decisão de com quem ficaria a guarda do filho de Cássia.

A direção do colégio contribuiu com a defesa da mãe não biológica — os certificados das matrículas de Chicão e boletins, todos assinados por Eugenia, foram anexados ao processo de defesa. Durante a mobilização, a mãe de um colega de classe de Chicão conversou com a imprensa: "Nossos filhos costumavam frequentar a casa delas. Eugenia não usa drogas, é uma pessoa maravilhosa e sempre agiu como mãe dele".[2]

No dia 31 de janeiro de 2002, o chefe de Polícia Civil do Rio de Janeiro, Álvaro Lins, confirmou que o laudo do IML sobre a morte da cantora Cássia Eller atestara que ela fora vítima de infarto do miocárdio, consecutivo a múltiplas paradas cardiorrespiratórias. E que não havia qualquer vestígio de drogas no sangue da cantora. "O laudo toxicológico diz que ela não consumiu álcool nem drogas. Não encontrou substâncias ilícitas. Não há discussão em relação a isso. O laudo é conclusivo do ponto de vista toxicológico. Não há vestígios de drogas nas vísceras dela."[3]

O Ministério Público do Rio de Janeiro não ficou satisfeito com o documento fornecido pelo IML. Dois anos depois, por determinação judicial, um novo laudo pericial elaborado pelas peritas Eliani Spinelli e Tânia Donatti apontou que Cássia havia sido vítima de erro médico. A equipe da Clínica Santa Maria teria agido equivocadamente ao ministrar o medicamento Plasil à cantora.

De acordo com as médicas-legistas, o remédio é contraindicado para pessoas que fazem uso de álcool e drogas e pode ter provocado a primeira das quatro paradas cardiorrespiratórias que levaram Cássia à morte. Para o MP, depoimentos como o de Lan Lanh e de outras pessoas próximas indicavam que a cantora poderia ter ingerido álcool e cocaína nos dias que antecederam sua morte.

Segundo o laudo do Ministério Público, o IML não dispunha, na ocasião do exame, de técnica disponível para detectar a presença de álcool ou cocaína no organismo da cantora.

De absolutamente claro, apesar dos esforços de Altair Eller, só a dedicação de Eugenia como mãe de Chicão. No dia 31 de outubro de 2002, quase um ano após a morte de Cássia, ela conseguiu a tutela definitiva do menino. Nanci Ribeiro, a avó, comemorou a decisão da Justiça. "Ele [Chicão] saiu do ventre da Cássia para os braços da Maria Eugenia. E hoje ele está nascendo do coração da Maria Eugenia. É a vitória de todos nós."[4]

Imediatamente após o veredicto da 2ª Vara de Órfãos e Sucessões, Eugenia recolheu-se, evitando entrevistas e concentrando-se em blindar Chicão do assédio da imprensa. Ela só falaria sobre o assunto numa longa entrevista para a revista *Crescer*, em janeiro de 2003, na qual expôs o desejo de que o caso, embora não tivesse criado uma jurisprudência, ao menos servisse para abrir um precedente importante: "Demonstra a tendência do direito de considerar e respeitar a nova família brasileira. Aponta um amadurecimento das leis, que devem acompanhar as transformações da sociedade, e espero que nossa experiência possa servir de ponto de partida para uma ampla discussão sobre os direitos de casais homossexuais".[5]

Em maio de 2011, o Supremo Tribunal Federal (STF) reconheceu, em decisão unânime, a equiparação da união homossexual à heterossexual. Na época, dados do Censo mostravam que existiam mais de 60 mil casais de pessoas do mesmo sexo vivendo juntos no Brasil. Em 2013, em mais uma decisão importante, o Conselho Nacional de Justiça (CNJ) publicou uma resolução que proíbe cartórios de se negarem a realizar casamentos homoafetivos.

Apesar dos avanços, ainda não existe legislação sobre o casamento homoafetivo no Brasil — desde 1988, nenhuma lei voltada ao público LGBTQIA+ foi aprovada. O que deu margem para que deputados da bancada conservadora passassem a questionar a decisão do Supremo Tribunal Federal, alegando que o tema deveria ser tratado no Congresso Nacional, e não a partir de uma "gambiarra jurídica" feita pelo STF.

A viúva de Cássia foi uma das primeiras vozes a chamar a atenção para a onda conservadora que começava a ganhar força no país, a partir do crescimento da bancada BBB (Bíblia, Bala e Boi) no Congresso. No dia 10 de maio de 2015, em entrevista ao jornal *Correio Braziliense*, Eugenia alertou: "A adoção por homossexuais ainda esbarra em muita resistência. Estamos atravessando um período estranho. Há uma onda conservadora que também saiu do armário. Eu tenho a sensação de que, depois que a Cássia morreu, o país encaretou. Se nossa história acontecesse hoje, não sei se teríamos a mesma receptividade".[6]

Em 2018, um deputado ascendeu do baixo clero da Câmara dos Deputados ao cargo máximo do país defendendo uma agenda conservadora nos costumes, que incluía seguidos ataques à comunidade gay. Segundo Jair Messias Bolsonaro, ele seria "incapaz de amar um filho homossexual".[7] Mais do que isso: "Prefiro que um filho meu morra num acidente do que apareça com um bigodudo por aí".[8]

Durante a campanha presidencial, Bolsonaro acusou o principal opositor, Fernando Haddad (PT), ex-ministro da Educação, de produzir um livro "para ensinar nossas crianças a serem gays",[9] o chamado "kit gay", que jamais existiu — o que o Ministério da Educação pretendia colocar em ação era o programa Escola sem Homofobia que, além de não ter qualquer livro sobre o tema homossexualidade, era voltado exclusivamente para pais e professores.

Eleito presidente, Bolsonaro provocou uma corrida aos cartórios por parte de casais homoafetivos, preocupados em formalizar o casamento diante das ameaças do novo mandatário de apoiar projetos de lei que proibissem o casamento entre pessoas do mesmo sexo. A crise provocada pela pandemia da covid-19 e a gestão desastrosa de Bolsonaro na área de saúde deixaram em segundo plano a agenda de costumes, que foi retomada com força em 2022, ano eleitoral.

Entre os muitos apoiadores de Bolsonaro, que perderia a reeleição por uma margem pequena de votos para Luiz Inácio Lula da Silva, um chamou a atenção da imprensa pelo sobrenome e pela semelhança física com Cássia Eller. Tratava-se da influenciadora e ativista política Karol Eller. Prima em terceiro grau da cantora e próxima de Jair Renan Bolsonaro, filho do presidente, ela passaria a campanha defendendo pautas contrárias à própria orientação sexual — lésbica, ela se dizia pronta para se submeter a "terapias de reorientação", a chamada "cura gay".

Esse era o jargão usado para se referir a práticas pseudocientíficas, baseadas na premissa de que a homossexualidade é uma doença, um transtorno, que pode ser revertida por meio de terapias, intervenções religiosas ou outras formas de coerção. Tratamento semelhante ao proposto por pastores do Recanto Maanaim, retiro administrado pela Assembleia de Deus de Rio Verde, em Goiás, onde Karol Eller se hospedou no dia 11 de setembro de 2023.

Horas antes da internação voluntária, a influencer deixou um recado para os seguidores em sua página no Facebook: "Família tripliquem as orações pois Deus me usou como nunca e daqui pra frente estou pronta para guerrear debaixo da autoridade do nome de Jesus! Que diminua eu, pra que tu cresças Senhor mais mais. RENÚNCIA! SIM EU RENUNCIEI A

PRÁTICA HOMOSSEXUAL, EU RENUNCIEI VÍCIOS E RENUNCIEI OS DESEJOS DA MINHA CARNE PARA VIVER EM CRISTO! Que Deus abençoe vcs!".[10]

Um mês após a entrada no retiro, Karol suicidou-se. Aos 36 anos, filiada ao PL, ela pretendia se candidatar nas eleições de 2024. Atuante, chegou a fazer transmissões ao vivo dos atos golpistas do 8 de janeiro em Brasília, incentivando os participantes. Funcionária da Empresa Brasil de Comunicação (EBC), foi exonerada do cargo no dia seguinte.

Noticiada em todo o país, a morte de Karol Eller causou pânico entre alguns familiares e amigos de uma homônima da influenciadora. Carol Eller, filha de Rúbia, irmã de Cássia, desde a campanha presidencial vinha sendo confundida com a bolsonarista por ter o mesmo nome, a mesma orientação sexual e a mesma idade. Em depoimento ao autor, Carol conta a angústia diária de ser associada a alguém que representava o avesso do avesso do avesso de tudo que ela defendia e acreditava:

"Quando a Karol Eller começou a aparecer na campanha presidencial, falando em cura gay e outras bizarrices, as pessoas começaram a entrar no meu Instagram pra me xingar. Eram pessoas da minha bolha, indignadas com as falas daquela mulher. Desfeita a confusão, após eu me pronunciar publicamente, passei a ser atacada por bolsonaristas. Sou atriz de teatro no Rio, de um grupo muito atuante [o Tá na Rua], e todo dia tinha comentários na minha página me chamando de 'demônia', de 'puta', de 'vadia'. Fechei o meu Instagram e fui procurar saber quem era essa mulher que se dizia prima de terceiro grau da minha tia. Conversei com muita gente da família, parentes distantes, e ninguém nunca tinha ouvido falar de Karol Eller. E mesmo após o meu posicionamento, muita gente ainda continuava me associando a ela por conta do nome. Até pessoas próximas. Quando foi noticiada a sua morte, minha mãe e minha avó entraram em desespero. Eu estava incomunicável, dormindo, e o noticiário dizendo sem parar que Karol Eller, parente de Cássia Eller, havia morrido. Sofremos muito com essa história. Não só pelos mal-entendidos e confusões, mas por tudo isso envolver o nome de minha tia. Cássia nunca foi de levantar bandeira, mas todo mundo sabe que a luta pela guarda do Chicão, o desfecho pró-Eugenia, influenciou a favor de outros casos semelhantes. Abriu precedentes. E aí veio o governo Bolsonaro. E os retrocessos. Eu tenho certeza de que, se a batalha pela guarda do Chicão ocorresse no governo dele, a guarda jamais teria ficado com Eugenia. Ficaria sob a guarda do meu avô, um militar, um 'homem de bem'."

Bolsonaro não conseguiu se reeleger, mas deixou um legado duradouro, com forte representação no Congresso Nacional. Em 10 de outubro de 2023, um projeto de lei que proíbe a possibilidade de casamento civil entre pessoas do mesmo sexo no Brasil foi aprovado na Comissão de Previdência, Assistência Social, Infância, Adolescência e Família, da Câmara dos Deputados.[11]

Autor do projeto de lei, o deputado pastor Eurico (PL-PE) alegou que cabia ao Poder Legislativo, e não ao STF, deliberar sobre o tema. E que contava com o apoio da bancada conservadora para que a proposta passasse nas próximas comissões e ele conseguisse reverter a decisão do Supremo, tomada em 2011. "A relação homossexual não proporciona à sociedade a eficácia especial da procriação, que justifica a regulamentação na forma de casamento e a sua consequente proteção especial pelo Estado", disse em discurso no plenário. "Tentar estender o regime de casamento aos homossexuais é uma tentativa vã de mudar a realidade através de leis", acrescentou.[12]

Assim pensava Altair Eller, pai de Cássia, que durante a disputa pela guarda de Chicão também se indignou com a decisão da Justiça a favor de Eugenia. "Sou casado e tenho um filho. Pelo menos é uma família. A outra lá não tem nenhum vínculo consanguíneo com o menino."[13]

A história mostrou que o sargento paraquedista, pai de cinco filhos com Nanci, que desistiu do sonho de virar cantora por determinação do então noivo, não conseguiu fazer a cabeça dos descendentes, pelo menos os da família de Cássia — todos, sem exceção, se posicionaram a favor de Eugenia.

Não que Altair não tenha tentado, como bem lembrou Cássia, em sua última entrevista: "A gente é ensinada a ter preconceito desde que nasce".[14]

DISCOGRAFIA

ZÉ RAMALHO
LUIZ CAPUCHO
VAI QUERER

CÁSSIA ELLER (1990)

Faixa 1: "Já deu pra sentir (Tutu)" (Itamar Assumpção, Marcus Miller)

Faixa 2: "Rubens" (Mário "Manga" Augusto Aydar)

Faixa 3: "Barraco" (Roberto Frejat, Jorge Salomão)

Faixa 4: "Que o Deus venha" (Cazuza, Roberto Frejat, Clarice Lispector)

Faixa 5: "Eleanor Rigby" (John Lennon, Paul McCartney)

Faixa 6: "Otário" (Itacyr Bocato Júnior)

Faixa 7: "Por enquanto" (Renato Russo)

Faixa 8: "O dedo de Deus" (Arrigo Barnabé, Mário "Manga" Augusto Aydar)

Faixa 9: "Lullaby" (Márcio Faraco, Cássia Eller)

Faixa 10: "Não sei o que eu quero da vida" (Arrigo Barnabé, Hermelino Neder)

Faixa 11: "Tutti Frutti" (Richard Penniman, Joe Lubin, Dorothy La Bostrie)

O MARGINAL (1992)

Faixa 1: "Caso você queira saber" (Beto Guedes, Márcio Borges)

Faixa 2: "Sonhei que viajava com você" (Itamar Assumpção)

Faixa 3: "Sensações" (Luiz Melodia)

Faixa 4: "Teu bem" (Paulo Barnabé)

Faixa 5: "Amnésia" (Luiz Melodia, Cláudio Lobato)

Faixa 6: "O marginal" (Cássia Eller, Hermelino Neder, Zé Marcos, Luiz Pinheiro)

Faixa 7: "Eles" (Cássia Eller, Otávio Fialho, Luiz Pinheiro)

Faixa 8: "Aquele grandão" (Mário "Manga" Augusto Aydar, Lêda Pasta)

Faixa 9: "Bobagem" (Rita Lee, Lúcia Turnbull)

Faixa 10: "Comédia" (Tatá Spalla)

Faixa 11: "Hear My Train A Coming" (Jimi Hendrix)

Faixa 12: "If Six Was Nine" (Jimi Hendrix)

CÁSSIA ELLER (1994)

Faixa 1: "Partners" (Paulo Pagni, Luiz Schiavon, Paulo Ricardo)

Faixa 2: "Malandragem" (Cazuza, Roberto Frejat)

Faixa 3: "E.C.T." (Carlinhos Brown, Marisa Monte, Nando Reis)

Faixa 4: "Try a Little Tenderness" (Woods, Campbell, Conelly)

Faixa 5: "1º de julho" (Renato Russo)

Faixa 6: "Na cadência do samba" (Ataulfo Alves, Paulo Gesta, Matilde Alves)

Faixa 7: "Lanterna dos afogados" (Herbert Vianna)

Faixa 8: "Coroné Antonio Bento" (João do Vale, Luiz Wanderley)

Faixa 9: "Metrô linha 743" (Raul Seixas)

Faixa 10: "Socorro" (Arnaldo Antunes, Alice Ruiz)

Faixa 11: "Blues do iniciante" (Cazuza, Dé Palmeira, Roberto Frejat, Guto Goffi, Maurício Barros)

Faixa 12: "Música urbana 2" (Renato Russo)

Faixa 13: "Pétala" (Djavan)

CÁSSIA ELLER AO VIVO (1996)

Faixa 1: "E.C.T." (Carlinhos Brown, Marisa Monte, Nando Reis)

Faixa 2: "Nenhum Roberto" (Nando Reis)

Faixa 3: "Eu sou neguinha" (Caetano Veloso)

Faixa 4: "Nós" (Tião Carvalho)

Faixa 5: "1 de julho" (Renato Russo)

Faixa 6: "Na cadência do samba" (Ataulfo Alves, Paulo Gesta, Matilde Alves)

Faixa 7: "Por enquanto" (Renato Russo)

Faixa 8: "Try a Little Tenderness" (Woods, Campbell, Conelly)

Faixa 9: "Malandragem" (Cazuza, Roberto Frejat)

Faixa 10: "Não amo ninguém" (Ezequiel Neves, Cazuza, Roberto Frejat)

Faixa 11: "Música urbana II" (Renato Russo)

Faixa 12: "Socorro" (Arnaldo Antunes, Alice Ruiz)

Faixa 13: "Metrô linha 743" (Raul Seixas)

Faixa 14: "Coronel Antonio Bento" (João do Vale, Luiz Wanderley)

VENENO ANTIMONOTONIA (1997)

Faixa 1: "Brasil" (Cazuza, George Israel, Nilo Romero)

Faixa 2: "Blues da piedade" (Cazuza, Roberto Frejat)

Faixa 3: "Obrigado (por ter se mandado)" (Cazuza, Zé Luis)

Faixa 4: "Menina mimada" (Cazuza, Maurício Barros)

Faixa 5: "Todo amor que houver nessa vida" (Cazuza, Roberto Frejat)

Faixa 6: "Billy Negão" (Cazuza, Guto Goffi, Maurício Barros)

Faixa 7: "Bete Balanço" (Cazuza, Roberto Frejat)

Faixa 8: "A orelha de Eurídice" (Cazuza)

Faixa 9: "Só as mães são felizes" (Cazuza, Roberto Frejat)

Faixa 10: "Ponto fraco" (Cazuza, Roberto Frejat)

Faixa 11: "Por que a gente é assim?" (Ezequiel Neves, Cazuza, Roberto Frejat)

Faixa 12: "Preciso dizer que te amo" (Cazuza, Dé Palmeira, Bebel Gilberto)

Faixa 13: "Mal nenhum" (Cazuza, Lobão)

Faixa 14: "Pro dia nascer feliz" (Cazuza, Roberto Frejat)

VENENO VIVO (1998)

Faixa 1: "Brasil" (Cazuza, George Israel, Nilo Romero)

Faixa 2: "Amor destrambelhado" (Elaine "Lan Lan" Silva Moreira, Márcio Mello)

Faixa 3: "Obrigado (por ter se mandado)" (Cazuza, Zé Luis)

Faixa 4: "Vida bandida" (Bernardo Vilhena, Lobão)

Faixa 5: "Billy Negão" (Cazuza, Guto Goffi, Maurício Barros)

Faixa 6: "Farrapo humano" (Luiz Melodia)

Faixa 7: "Nós" (Tião Carvalho)

Faixa 8: "Mis penas lloraba yo" (Antonio Sanchez) / **"Soy gitano [Tangos]"** (José Monge, José Fernández Torres, Vicente Amigo)

Faixa 9: "Todo amor que houver nessa vida" (Cazuza, Roberto Frejat)

Faixa 10: "Ponto fraco" (Cazuza, Roberto Frejat)

Faixa 11: "Faça o que quiser fazer" (Felipe Cambraia, Lúcio Krops, Fábio Allman)

Faixa 12: "Geração Coca-Cola" (Renato Russo)

Faixa 13: "Todas as mulheres do mundo" (Rita Lee)

Faixa 14: "Eu queria ser Cássia Eller" (Péricles Cavalcanti)

COM VOCÊ... MEU MUNDO FICARIA COMPLETO (1999)

Faixa 1: "O segundo Sol" (Nando Reis)

Faixa 2: "Mapa do meu nada" (Carlinhos Brown)

Faixa 3: "Gatas extraordinárias" (Caetano Veloso)

Faixa 4: "Um branco, um xis, um zero" (Arnaldo Antunes, Marisa Monte, Pepeu Gomes)

Faixa 5: "Meu mundo ficaria completo (com você)" (Nando Reis)

Faixa 6: "Palavras ao vento" (Moraes Moreira, Marisa Monte)

Faixa 7: "Aprendiz de feiticeiro" (Itamar Assumpção)

Faixa 8: "Pedra gigante" (Gilberto Gil, Bené Fonteles)

Faixa 9: "Infernal" (Nando Reis)

Faixa 10: "Maluca" (Luiz Capucho)

Faixa 11: "As coisas tão mais lindas" (Nando Reis)

Faixa 12: "Esse filme eu já vi" (Luiz Melodia, Renato Piau)

CÁSSIA ELLER: ACÚSTICO MTV (2001)

Faixa 1: "Non, je ne regrette rien" (Michel Vaucaire, Charles Dumont)

Faixa 2: "Malandragem" (Cazuza, Roberto Frejat)

Faixa 3: "E.C.T." (Carlinhos Brown, Marisa Monte, Nando Reis)

Faixa 4: "Vá morar com o diabo" (Clementino "Riachão" Rodrigues)

Faixa 5: "Partido alto" (Chico Buarque)

Faixa 6: "1º de julho" (Renato Russo)

Faixa 7: "Luz dos olhos" (Nando Reis)

Faixa 8: "Todo amor que houver nessa vida" (Cazuza, Roberto Frejat)

Faixa 9: "Queremos saber" (Gilberto Gil)

Faixa 10: "Por enquanto" (Renato Russo)

Faixa 11: "Relicário" (Nando Reis)

Faixa 12: "O segundo Sol" (Nando Reis)

Faixa 13: "Nós" (Tião Carvalho)

Faixa 14: "Sgt. Pepper's Lonely Hearts Club Band" (John Lennon, Paul McCartney)

Faixa 15: "De esquina" (Xis)

Faixa 16: "Quando a maré encher" (Fábio Trummer, Roger Man, Bernardo Chopinho)

Faixa 17: "Top top" (Rita Lee, Arnaldo Dias Baptista, Sérgio Dias Baptista)

CÁSSIA ELLER: PARTICIPAÇÃO ESPECIAL (2002)[1]

Faixa 1: "Juventude transviada" (Luiz Melodia)

Faixa 2: "Milagreiro" (Djavan)

Faixa 3: "Relicário" (Nando Reis)

1 Compilação de duetos de Cássia Eller gravados em discos de outros artistas, com exceção das faixas 3, 7 e 14, que foram retiradas do *CÁSSIA ELLER: ACÚSTICO* (2001).

Faixa 4: "Mr. Scarecrow" (Herbert Vianna)

Faixa 5: "Um tiro no coração" (Nando Reis)

Faixa 6: "Malandragem" (Cazuza, Roberto Frejat)

Faixa 7: "De esquina" (Xis)

Faixa 8: a. "A rainha da noite (Da ópera 'A flauta mágica')" (Wolfang Amadeus Mozart)

Faixa 8: b. "I Can't Get No (Satisfaction)" (Mick Jagger, Keith Richard)

Faixa 9: "Luz del fuego" (Rita Lee)

Faixa 10: "Faça o que quiser fazer" (Felipe Cambraia, Lúcio Krops, Fábio Allman)

Faixa 11: "Erva daninha" (Nelson "Nelson Cavaquinho" Antônio da Silva, Guilherme de Brito)

Faixa 12: "Você passa eu acho graça" (Carlos Imperial, Ataulfo Alves)

Faixa 13: "Não deixe o samba morrer" (Edson, Aloísio)

Faixe 14: Quando a maré encher (Fábio Trummer, Roger Man, Bernardo Chopinho)

DEZ DE DEZEMBRO (2002)[2]

Faixa 1: "Get Back" (John Lennon, Paul McCartney)

Faixa 2: "No recreio" (Nando Reis)

Faixa 3: "All Star" (Nando Reis)

Faixa 4: "Eu sou neguinha (Caetano Veloso)

Faixa 5: "Nada vai mudar isto" (Paulinho Moska)

Faixa 6: "Fiz o que pude" (Nando Reis)

Faixa 7: "Julia" (John Lennon, Paul McCartney)

2 Disco feito com sobras de estúdio, organizado e produzido por Nando Reis. Foram acrescidas algumas participações especiais e novas instrumentações.

Faixa 8: "Nenhum Roberto" (Nando Reis)

Faixa 9: "Little Wing" (Jimi Hendrix)

Faixa 10: "Vila do sossego" (Zé Ramalho)

Faixa 11: "Só se for a dois" (Cazuza, Rogério Meanda)

ROCK IN RIO: CÁSSIA ELLER AO VIVO (2006)

Faixa 1: "1º de julho" (Renato Russo)

Faixa 2: "Partido alto" (Chico Buarque)

Faixa 3: "Pra galera" (Luiz Brasil)

Faixa 4: "E.C.T." (Carlinhos Brown, Marisa Monte, Nando Reis)

Faixa 5: "Obrigado (por ter se mandado)" (Cazuza, Zé Luis)

Faixa 6: "O segundo Sol" (Nando Reis)

Faixa 7: "Faça o que quiser fazer" (Felipe Cambraia, Lúcio Krops, Fábio Allman)

Faixa 8: "Infernal" (Nando Reis)

Faixa 9: "Malandragem" (Cazuza, Roberto Frejat)

Faixa 10: "Coroné Antonio Bento" (João do Vale, Luiz Wanderley) / **"K@#0%!"** (Brian Welch, Jonathan Davis, David Silveria, James Shaffer, Reginald)

Faixa 11: "Come Together" (John Lennon, Paul McCartney) / **"Corpo de lama"** (Chico Science, Alexandre "Dengue" Salgus M. Costa, Lúcio Maia, Gira, Jorge du Peixe)

Faixa 12: "Quando a maré encher" (Fábio Trummer, Roger Man, Bernardo Chopinho)

Faixa 13: "Smells Like Teen Spirit" (Kurt Cobain, Krist Novoselic, Dave Grohl)

DO LADO DO AVESSO (2012)[3]

CD

Faixa 1: "Gatas extraordinárias" (Caetano Veloso)

Faixa 2: "Cherokee Louise" (Joni Mitchell)

Faixa 3: "Maluca" (Luís Capucho)

Faixa 4: "All Star" (Nando Reis)

Faixa 5: "Relicário" (Nando Reis)

Faixa 6: "Vila do Sossego" (Zé Ramalho)

Faixa 7: "Queremos saber" (Gilberto Gil)

Faixa 8: "Espaço" (Vitor Ramil)

Faixa 9: "Eu sei" (Renato Russo)

Faixa 10: "Luz dos olhos" (Nando Reis)

Faixa 11: "Do lado do avesso" (Cássia Eller)

Faixa 12: "1º de julho" (Renato Russo)

Faixa 13: "You've Changed" (Bill Carey, Carl Fischer)

Faixa 14: "I Ain't Got Nothing But The Blues" (Duke Ellington, Don George, Larry Fotine)

Faixa 15: "Diamante verdadeiro" (Caetano Veloso)

Faixa 16: "Eleanor Rigby" (John Lennon, Paul McCartney)

DVD[4]

Faixa 17: "Try A Little Tenderness" (Harry Woods, Jimmy Campbell, Reg Conelly)

Faixa 18: "Rubens" (Mário Manga)

---

3 Registro do show *Luz do solo*, gravado em 23 de junho de 2001, no Credicard Hall, em São Paulo.

4 Faixas compõem a coletânea "Melhores momentos ao vivo", um extra da versão em DVD do álbum.

Faixa 19: "Woman Is The Nigger of The World" (John Lennon, Yoko Ono)

Faixa 20: "Maluca" (Luís Capucho)

Faixa 21: "Relicário" (Nando Reis)

Faixa 22: "O segundo Sol" (Nando Reis)

Faixa 23: "Non, je ne regrette rien" (Michel Vaucaire, Charles Dumont)

Faixa 24: "Todo amor que houver nessa vida" (Roberto Frejat, Cazuza)

Faixa 25: "Smells Like Teen Spirit" (Kurt Cobain, Krist Novoselic, Dave Grohl)

Faixa 26: "Come Together" (John Lennon, Paul McCartney), **"Corpo de lama"** (Chico Science, Jorge Du Peixe, Dengue, Lúcio Maia, Gira)

TODO VENENO VIVO (2019)[5]

CD 1

Faixa 1: "Brasil" (Cazuza, George Israel, Nilo Romero)
Citação: São Coisas Nossas

Faixa 2: "Blues da piedade" (Roberto Frejat, Cazuza)

Faixa 3: "Obrigado (por ter se mandado)" (Zé Luiz, Cazuza)

Faixa 4: "Por que a gente é assim?" (Roberto Frejat, Cazuza, Ezequiel Neves)

Faixa 5: "Todo amor que houver nessa vida" (Roberto Frejat, Cazuza)

Faixa 6: "1º de julho" (Renato Russo)

Faixa 7: "Só as mães são felizes" (Roberto Frejat, Cazuza)

Faixa 8: "Vida bandida" (Lobão, Bernardo Vilhena)

Faixa 9: "Ponto fraco" (Roberto Frejat, Cazuza)

Faixa 10: "Preciso dizer que te amo" (Dé, Bebel Gilberto, Cazuza)

---

5 Versão remasterizada e ampliada de *Veneno vivo*, gravada em três noites de dezembro de 1997, no Teatro Rival, no Rio de Janeiro.

Faixa 11: "Nós" (Tião Carvalho)

Faixa 12: "Mis Penas Lloroba Yo" (Antonio Sanchez), **"Soy Gitano (Tangos)"** (J. Monje, José Fernandez Torres, Vicente Amigo)

CD 2

Faixa 1: "Billy Negão" (Cazuza, Guto Goffi, Maurício Barros)

Faixa 2: "Farrapo humano" (Luiz Melodia)

Faixa 3: "Faça o que quiser fazer" (Felipe Cambraia, Lúcio Krops, Fábio Allman)

Faixa 4: "A orelha de Eurídice" (Cazuza)

Faixa 5: "Menina mimada" / Trecho de "Quinta-feira" (Cazuza, Maurício Barros)

Faixa 6: "Mal nenhum" (Cazuza, Lobão)

Faixa 7: "Bete Balanço" (Cazuza, Roberto Frejat)

Faixa 8: "Amor destrambelhado" (Elaine "Lan Lan" Silva Moreira, Márcio Mello)

Faixa 9: "Todas as mulheres do mundo" (Rita Lee)

Faixa 10: "Geração Coca-Cola" (Renato Russo)

Faixa 11: "Pro dia nascer feliz" (Cazuza, Roberto Frejat)

Faixa 12: "Eu queria ser Cássia Eller" (Péricles Cavalcanti)

CÁSSIA ELLER E VICTOR BIGLIONE IN BLUES (2022)[6]

Faixa 1: "I'm Your Hoochie Coochie Man" (Willie Dixon)

Faixa 2: "Got To Get You Into My Life" (John Lennon, Paul McCartney)

Faixa 3: "Same Old Blues" (Don Nix)

6 Renegado por Cássia, o disco em parceria com Victor Biglione foi relançado em 2022, trinta anos depois de sua gravação.

Faixa 4: "When Sunny Gets Blue" (Marvin Fischer, Jack Segal)

Faixa 5: "Oh Well" (Peter Green) **/ "Quadrant Four"** (Billy Cobham) **/ "Lazy"** (Victor Biglione) **(Blues Medley II)**

Faixa 6: "If Six Was Nine" (Jimi Hendrix)

Faixa 7: "Prision Blues" (Jimmy Page)

Faixa 8: "I Ain't Superstitious" (Willie Dixon)

Faixa 9: "I Ain't Got Nothing But the Blues" (Duke Ellington, Don George, Larry Fotine)

Faixa 10: "Need Your Love So Bad" (Little Willie John), **"You Shook Me"** (Willie Dixon) **(Blues Medley I)**

MÚSICAS DE CDS ANTERIORES

SONHEI QUE VIAJAVA COM VOCÊ Citan

OTÁRIO

REFERÊNCIAS

MÚSICAS DE CDS ANTERIORES

1 SONHEI QUE VIAJAVA COM VOCÊ (ITAMAR ASSUMPÇÃO)

OTÁRIO

5

7

8

9

10

11

12

13

14

15

CAPÍTULO 1

1 ZIRALDO. Ninguém pode ser tão feliz como Cássia Eller. São Paulo: *Bundas*, n. 28, 21 dez. 1999 a 3 de janeiro de 2000.

2 CANTORA foi "pedreira" em MG. *Folha de S.Paulo*, 3 out. 1999. Disponível em: https://www1.folha.uol.com.br/fsp/empregos/ce0310199908.htm. Acesso em: 17 jul. 2025.

3 ZIRALDO. *op. cit.*

4 ZIRALDO. *op. cit.*

5 ZIRALDO. *op. cit.*

6 ZIRALDO. *op. cit.*

7 ROMERO, S. From jungle, Brazil aims to extend its reach. *The New York Times*, 6 maio 2013. Disponível em: https://www.nytimes.com/2013/05/07/world/americas/from-jungle-brazil-aims-to-extend-its-reach.html. Acesso em: 17 jul. 2025.

8 Depoimento ao autor.

9 ZIRALDO. *op. cit.*

10 ZIRALDO. *op. cit.*

11 ZIRALDO. *op. cit.*

12 ZIRALDO. *op. cit.*

13 ZIRALDO. *op. cit.*

14 ZIRALDO. *op. cit.*

15 ZIRALDO. *op. cit.*

CAPÍTULO 2

1 ZIRALDO. Ninguém pode ser tão feliz como Cássia Eller. *Bundas*, n. 28, 21 dez. 1999 a 3 de janeiro de 2000.

2 ZIRALDO. *op. cit.*

3 CÁSSIA ELLER. *Um outro olhar*, n. 14, 14 jun. de 2000.

4 GONÇALVES, A.; TASSINARI, F. Cássia Eller: antídoto contra a hipocrisia. *Um outro olhar*, 29 dez. 2011. Disponível em: https://www.umoutroolhar.com.br/2011/12/cassia-eller-antidoto-contra-hipocrisia.html. Acesso em: 19 jul. 2025.

5 ZIRALDO. *op. cit.*

6 ZIRALDO. *op. cit.*

7 ZIRALDO. *op. cit.*

8 ZIRALDO. *op. cit.*

9 ZIRALDO. *op. cit.*

10 ZIRALDO. *op. cit.*

CAPÍTULO 3

1 Depoimento ao autor.

2 Depoimento ao autor.

3 ZIRALDO. Ninguém pode ser tão feliz como Cássia Eller. São Paulo: *Bundas*, n. 28, 21 dez. 1999 a 3 de janeiro de 2000.

CAPÍTULO 4

1 MARQUES, M. Revelações do tio (e produtor) de Cássia Eller. *Jornal do Brasil*, 10 dez. 2015. Disponível em: https://www.jb.com.br/cultura/noticias/2008/09/20/revelacoes-do-tio-e-produtor--de-cassia-eller.html. Acesso em: 17 jul. 2025.

CAPÍTULO 5

1 MARQUES, M. Revelações do tio (e produtor) de Cássia Eller. *Jornal do Brasil*, 10 dez. 2015. Disponível em: https://www.jb.com.br/cultura/noticias/2008/09/20/revelacoes-do-tio-e-produtor--de-cassia-eller.html. Acesso em: 17 jul. 2025.

CAPÍTULO 6

1 ESSINGER, S. Inédito, disco gravado por Cássia Eller e Victor Biglione nos anos 90 chega ao streaming. *O Globo*, 8 dez. 2022. Disponível em: https://oglobo.globo.com/cultura/musica/noticia/2022/12/inedito-disco-gravado-por-cassia-eller-e-victor-biglione-nos-anos-90-chega-ao-streaming.ghtml. Acesso em: 17 jul. 2025.

2 CÁSSIA ELLER. São Paulo: *Bundas*, n. 28, 21 dez. 2000.

3 ESSINGER, S. *op. cit.*

4 Depoimento ao autor.

5 CÁSSIA ELLER. São Paulo: *Bundas*, n. 28, 21 dez. 2000.

6 CÁSSIA ELLER. São Paulo: *Bundas*, n. 28, 21 dez. 2000.

7 PILZ, S. Na moita. *Piauí*, mar. 2007. Disponível em: https://piaui.folha.uol.com.br/materia/na-moita/. Acesso em: 17 jul. 2025.

CAPÍTULO 7

1 *Jornal do Brasil*, 22 de junho de 2001.

2 *Jornal do Brasil*, 14 de setembro de 1992.

3 OS NOVOS RUMOS DE RENATO RUSSO. São Paulo: Bizz, n. 116, mar. 1995.

4 CÁSSIA ELLER. São Paulo: *Bundas*, n. 28, 21 dez. 2000.

5 GONÇALVES, A.; TASSINARI, F. Cássia Eller: antídoto contra a hipocrisia. *Um outro olhar*, 29 dez. 2011. Disponível em: https://www.umoutroolhar.com.br/2011/12/cassia-eller-antidoto-contra-hipocrisia.html. Acesso em: 19 jul. 2025.

6 PILZ, S. Na moita. *Piauí*, 6 mar. 2007. Disponível em: https://piaui.folha.uol.com.br/materia/na-moita/. Acesso em: 17 jul. 2025.

7 GONÇALVES, A.; TASSINARI, F. *op. cit.*

8 GUTO Graça Mello | Papo com Clê. 2023. Vídeo (2h48min12s). Publicado pelo canal Corredor 5. Disponível em: https://www.youtube.com/watch?v=pCU-ew4H2Pk. Acesso em: 18 jul. 2025.

9 *Ibidem.*

10 BRYAN, G. Tímida, rebelde, inimitável. *Rolling Stone*, 10 dez. 2011. Disponível em: https://rollingstone.com.br/artigo/timida-rebelde-inimitavel/. Acesso em: 18 jul. 2025.

11 LIMA, N. Cássia Eller, a garotinha rebelde do rock que também cantava blues e samba. *O Globo*, 26 dez. 2016. Disponível em: https://acervo.oglobo.globo.com/em-destaque/cassia-eller-garotinha-rebelde-do-rock-que-tambem-cantava-blues-samba-20696210. Acesso em: 18 jul. 2025.

12 *Ibidem.*

13 FREJAT e Angela Ro Ro falam sobre Cazuza | Escândalo. 2023. Vídeo (26min42s). Publicado pelo Canal Brasil. Disponível em: https://www.youtube.com/watch?v=Q9GjuOT91v0. Acesso em: 18 jul. 2025.

14 *O Globo*, 1 de abril de 1994.

15 *Isto é Gente*, 17 de dezembro de 2001.

16 GUTO Graça Melo | Papo com Clê. 2023. Vídeo (2h48min12s). Publicado pelo canal Corredor 5. Disponível em: https://www.youtube.com/watch?v=pCU-ew4H2Pk. Acesso em: 18 jul. 2025.

CAPÍTULO 8

[1] GONÇALVES, A.; TASSINARI, F. Cássia Eller: antídoto contra a hipocrisia. *Um outro olhar*, 29 dez. 2011. Disponível em: https://www.umoutroolhar.com.br/2011/12/cassia-eller-antidoto-contra-hipocrisia.html. Acesso em: 19 jul. 2025.

[2] LANDI, A. C.; BELO, E. *Apenas uma garotinha*. São Paulo: Planeta, 2005.

[3] *Jornal do Brasil*, 11 de julho de 1997.

[4] *Jornal do Brasil*, 11 de julho de 1997.

[5] *Jornal do Brasil*, 11 de julho de 1997.

[6] *Jornal do Brasil*, 11 de julho de 1997.

[7] CÁSSIA ELLER. São Paulo: *Bundas*, n. 28, 21 dez. 2000.

[8] *Jornal do Brasil*, 24 de julho de 1997.

[9] SANCHES, P. A. Cássia Eller ao vivo. *Folha de S.Paulo*, 27 mar. 1998. Disponível em: https://www1.folha.uol.com.br/fsp/ilustrad/fq27039815.htm. Acesso em: 18 jul. 2025.

[10] *Jornal do Brasil*, 11 de julho de 1997.

CAPÍTULO 9

[1] *Isto É Gente*, de 17 de dezembro de 2001.

[2] GONÇALVES, A.; TASSINARI, F. Cássia Eller: antídoto contra a hipocrisia. *Um outro olhar*, 29 dez. 2011. Disponível em: https://www.umoutroolhar.com.br/2011/12/cassia-eller-antidoto-contra-hipocrisia.html. Acesso em: 19 jul. 2025.

[3] SANCHES, P. A. Cássia Eller está "na paz" com rapper Xis. *Folha de S.Paulo*, 27 abr. 2001. Disponível em: https://www1.folha.uol.com.br/fsp/ilustrad/fq2704200111.htm. Acesso em: 18 jul. 2025.

[4] *Ibidem*.

[5] *Ibidem*.

6 GONÇALVES, A.; TASSINARI, F. Cássia Eller: antídoto contra a hipocrisia. *Um outro olhar*, 29 dez. 2011. Disponível em: https://www.umoutroolhar.com.br/2011/12/cassia-eller-antidoto-contra-hipocrisia.html. Acesso em: 19 jul. 2025.

7 GONÇALVES, A.; TASSINARI, F. *op. cit.*

8 *O Globo*, 10 de abril de 1998.

9 *Jornal do Brasil*, 10 de abril de 1998.

10 *Jornal do Brasil*, 10 de abril de 1998.

11 *Jornal do Brasil*, 10 de abril de 1998.

12 GONÇALVES, A.; TASSINARI, F. Cássia Eller: antídoto contra a hipocrisia. *Um outro olhar*, 29 dez. 2011. Disponível em: https://www.umoutroolhar.com.br/2011/12/cassia-eller-antidoto-contra-hipocrisia.html. Acesso em: 19 jul. 2025.

13 *Jornal do Brasil*, 10 de abril de 1998.

CAPÍTULO 10

1 SANCHES, P. A. Cássia Eller cobiça o "primeiro time". *Folha de S.Paulo*, 17 jul. 1999. Disponível em: https://www1.folha.uol.com.br/fsp/ilustrad/fq17079906.htm. Acesso em: 19 jul. 2025.

2 CAETANO VELOSO. *16 anos sem #CássiaEller*. 29 dez. 2017. Facebook: FalaCaetano. Disponível em: https://www.facebook.com/FalaCaetano/posts/16-anos-sem-cássiaeller-cássia-é-uma-das-maiores-cantoras-brasileiras-de-todos-o/1327351964035899. Acesso em: 19 jul. 2025.

3 *Jornal do Brasil*, 17 de julho de 1999.

4 CÁSSIA paga os pecados do padre Marcelo e cia. *Folha de S.Paulo*, 17 jul. 1999. Disponível em: https://www1.folha.uol.com.br/fsp/ilustrad/fq17079907.htm. Acesso em: 19 jul. 2025.

5 SANCHES, P. A. *op. cit.*

6 *Ibidem.*

7 *Ibidem.*

8 *Jornal do Brasil*, 17 de julho de 1999.

CAPÍTULO 11

1 GONÇALVES, A.; TASSINARI, F. Cássia Eller: antídoto contra a hipocrisia. *Um outro olhar*, 29 dez. 2011. Disponível em: https://www.umoutroolhar.com.br/2011/12/cassia-eller-antidoto-contra-hipocrisia.html. Acesso em: 19 jul. 2025.

2 *Ibidem.*

3 *Ibidem.*

CAPÍTULO 12

1 INDEPENDÊNCIA chega com cobranças. *O Globo*, Rio de Janeiro, ano 75, n. 24.364, 14 maio 2000.

2 MIRANDA, D. O dia em que Dave Grohl, do Foo Fighters, tietou Cássia Eller. *Billboard*, 18 out. 2023. Disponível em: https://billboard.com.br/o-dia-em-que-dave-grohl-do-foo-fighters-tietou-cassia-eller. Acesso em: 21 jul. 2025.

3 ARRUDA, R. Smells Like Teen Spirit: significado do hit do Nirvana. *Letras*, 14 ago. 2020. Disponível em: https://www.letras.mus.br/blog/smells-like-teen-spirit-significado. Acesso em: 21 jul. 2025.

CAPÍTULO 13

1 Depoimento ao autor.

2 SANCHES, P. A. Cássia Eller pode pagar caro por ceder ao "Acústico MTV". *Folha de S.Paulo*, 12 mar. 2001. Disponível em: https://www1.folha.uol.com.br/fsp/ilustrad/fq1203200114.htm. Acesso em: 21 jul. 2025.

3 JOÃO Bosco revitaliza-se e Cássia ganha fôlego em bons CDs ao vivo. *O Globo*, Rio de Janeiro, ano 76, n. 24716, 1 maio 2001.

4 *Ibidem.*

5 Depoimento ao autor.

CAPÍTULO 14

1 CÁSSIA Eller, a radical doce. Só para provocar. *Marie Claire*, n. 127, outubro de 2001.

2 MORRE a rebelde do rock. *O Globo*, 30 de dezembro de 2001. *O Globo*, Rio de Janeiro, ano 77, n. 24.978, 30 dez. 2001.

3 II Encontro Nacional das Comissões de Direitos Humanos da OAB, 13 junho 1997.

4 BRYAN, Guilherme. Relembre a trajetória de Cássia Eller, que faria 50 anos nesta segunda, 10. *Rolling Stones*, 10 dez. 2012. Disponível em: https://rollingstone.com.br/noticia/relembre-trajetoria-de-cassia-eller-que-faria-50-anos-nesta-segunda-10/. Acesso em: 21 jul. 2025.

5 GONÇALVES, A.; TASSINARI, F. Cássia Eller: antídoto contra a hipocrisia. *Um outro olhar*, 29 dez. 2011. Disponível em: https://www.umoutroolhar.com.br/2011/12/cassia-eller-antidoto-contra-hipocrisia.html. Acesso em: 21 jul. 2025.

6 Depoimento ao autor.

7 LAN Lan diz que "secreção branca" escorria do nariz de Cássia Eller. *Folha de S.Paulo*, 10 jan. 2002. Disponível em: https://www1.folha.uol.com.br/folha/reuters/ult112u10505.shtml. Acesso em: 21 jul. 2025.

CAPÍTULO 15

1 LAÇOS de família. *Folha de S.Paulo*, 20 jan. 2002. Disponível em: https://www1.folha.uol.com.br/folha/dimenstein/imprescindivel/semana/gd140102a200102.htm. Acesso em: 21 jul. 2025.

2 DECISÕES judiciais favorecem homossexuais. *Folha de S.Paulo*, 20 jan. 2002. Disponível em: https://www1.folha.uol.com.br/folha/

dimenstein/imprescindivel/semana/gd140102a200102.htm. Acesso em: 21 jul. 2025.

3 CARNEIRO, M. *et al.* Droga e agonia no auge da vida. *Revista Veja*, edição 1733, ano 35, n. 1, 9 jan. 2002.

4 POLÍCIA acha drogas na casa de Cássia Eller. *O Estado de S. Paulo*, 19 jan. de 2002. Disponível em: https://www.estadao.com.br/politica/policia=-acha-drogas-na-casa-de-cassia-eller/#:~:text-%C3%89%20s%C3%B3%20fazer%20um%20teste,onde%20h%-C3%A1%20usu%C3%A1rio%20de%20drogas.%3F. Acesso em: 21 jul. 2025.

5 LAÇOS de família. *op. cit.*

6 LAÇOS de família. *op. cit.*

7 PAI de Cássia vai contestar guarda de Chicão. *Estadão*, 3 mar. 2002. Disponível em: https://www.estadao.com.br/politica/pai-de-cassia--vai-contestar-guarda-de-chicao. Acesso em: 21 jul. 2025.

CAPÍTULO 16

1 *Isto É Gente*, 28 de janeiro de 2002.

2 PILZ, S. Na moita. *Piauí*, mar. 2007. Disponível em: https://piaui.folha.uol.com.br/materia/na-moita/. Acesso em: 21 jul. 2025.

3 LAUDO sobre Cássia Eller confirma infarto, mas não diz a causa da morte. *Folha de S.Paulo*, 1 fev. 2002. Disponível em: https://www1.folha.uol.com.br/folha/reuters/ult112u11445.shtml. Acesso em: 21 jul. 2025.

4 FILHO de Cássia Eller fica com sua companheira. *Estadão*, 2 mar. 2012. Disponível em: https://www.estadao.com.br/cultura/musica/filho-de-cassia-eller-fica-com-sua-companheira. Acesso em: 21 jul. 2025.

5 MINHA luta por Chicão. *Crescer*, jan. 2003. Disponível em: https://revistacrescer.globo.com/Crescer-25-anos/noticia/2018/11/eugenia-companheira-de-cassia-eller-minha-luta-por-chicao.html. Acesso em: 21 jul. 2021.

6 COMPANHEIRA de Cássia Eller fala sobre maternidade e vida ao lado de Chicão. *Correio Braziliense*, 10 maio 2015. Disponível em: https://www.correiobraziliense.com.br/app/noticia/diversao-e--arte/2015/05/10/interna_diversao_arte,482506/companheira-de--cassia-eller-fala-sobre-maternidade-e-vida-ao-lado-de-c.shtml. Acesso em: 21 jul. 2025.

7 PORTILHO, A. Bolsonaro adota fala homofóbica e defende que 'Joãozinho seja Joãozinho a vida toda'. *Folha de S.Paulo*, 13 jul. 2022. Disponível em: https://www1.folha.uol.com.br/poder/2022/07/bolsonaro-adota-fala-homofobica-e-defende-que-joaozinho-seja--joaozinho-a-vida-toda.shtml. Acesso em: 21 jul. 2025.

8 *Ibidem.*

9 RODAS, S. Proibir casamento gay afrontaria decisão do STF, avaliam especialistas. *Consultor Jurídico*, 28 nov. 2018. Disponível em: https://www.conjur.com.br/2018-nov-28/proibir-casamento--gay-afrontaria-decisao-stf-dizem-especialistas2. Acesso em: 21 jul. 2025.

10 KAROL ELLER. Retiro Maanain. 11 set. 2023. Facebook: karolelleroficial. Disponível em: https://www.facebook.com/share/v/1Sqe57QoFP/. Acesso em: 21 jul. 2025.

11 JÚNIOR, J.; HAJE, L. Comissão aprova projeto que proíbe o casamento entre pessoas do mesmo sexo. *Agência Câmara de Notícias*, 10 out. 2023. Disponível em: https://www.camara.leg.br/noticias/1006272-comissao-aprova-projeto-que-proibe-o-casamento-entre--pessoas-do-mesmo-sexo. Acesso em: 21 jul. 2025.

12 *Ibidem.*

13 JUSTIÇA mantém filho de Cássia Eller com Eugenia. *Estadão*, 3 mar. 2012. Disponível em: https://www.estadao.com.br/politica/justica-mantem-filho-de-cassia-eller-com-eugenia. Acesso em: 21 jul. 2025.

14 CÁSSIA ELLER. São Paulo: *Bundas*, n. 28, 21 dez. 2000.

Este livro foi impresso pela Lis Gráfica, em 2025, para a HarperCollins.
O papel do miolo é o Pólen Natural 80g/m^2 e o da capa é o cartão 250g/m^2.